W0073748

Die Frucht der Jahre

Spiritualität im Älterwerden

In Kooperation mit der LAGES

 **LAGES**

Lebensalter **ges**talten

Evangelische Senioren in Württemberg

Die Frucht der Jahre

Spiritualität im Älterwerden

Herausgegeben von **Ute Maurer**
in Zusammenarbeit mit
Karin und Wolfgang Vorländer

Die Deutsche Bibliothek verzeichnet diese Publikation in der Deutschen Nationalbibliografie; detaillierte bibliografische Daten sind im Internet über http://dnb.ddb.de abrufbar.

© 2013, Verlag und Buchhandlung der Evangelischen Gesellschaft GmbH, Stuttgart Augustenstraße 124, 70197 Stuttgart, Telefon 07 11/60 10 00, Fax 6 01 00 76, www.verlag-eva.de
Alle Rechte vorbehalten.

Titelfoto: Matthias Kopano Vorländer, Tübingen

Titelgestaltung: Uli Gleis, Tübingen
Layout, Satz, Herstellung: Cornelia Fritsch, Gerlingen
Reprografie: Tebitron GmbH, Gerlingen
Druck: Druck- und Medienzentrum Gerlingen GmbH, Gerlingen
ISBN 978-3-920207-76-6

INHALT

Einführung

Als ich vor vielen Jahren der Familie meinen zukünftigen Mann vorstellte, streckte ihm meine damals 95-jährige Großmutter mit wachen, freundlich strahlenden Augen interessiert schmunzelnd die Hand entgegen und sagte: „Und ich bin die Omi!" Was mich an der adrett gekleideten alten Frau mit dem schlohweißen Haar immer schon fasziniert hatte, war dieser „große Glanz von innen", der nicht nur ihre schlaflosen Nächte und die altersbedingten Gebrechen überstrahlte, sondern sie mit einer Freundlichkeit umgab, die ansteckend wirkte. Dieser „große Glanz von innen" ist einerseits zwar eine Gabe Gottes, andererseits ist er aber auch eine große Aufgabe. Die Arbeit an dieser Aufgabe ist das Anliegen dieses Buchs.

Zahllose Theorien und Ratgeber zum Thema Altern verwirren die Interessierten, die Betroffenen sind verunsichert. Offenbar hängt das Wie des Alterns von vielen Faktoren ab: von den Genen, vom Lebensstil, von der Psyche, von Umweltfaktoren, von der Ernährung, vom sozialen Umfeld. Der vorliegende Band stellt die geistige Auseinandersetzung mit dem Thema Älterwerden und Altsein in den Mittelpunkt. Die acht Autorinnen und Autoren beleuchten in 18 Beiträgen das Älterwerden vor dem christlich-evangelischen Hintergrund, sie nehmen aber in einer sehr differenzierten Art auch andere Sichtweisen in den Blick.

Die drei Abteilungen – *Spiritualität als Lebenskunst*, *Suche nach spirituellen Ritualen*, *Lebensgestaltung* – sollen sich nicht streng voneinander abgrenzen oder linear aneinanderreihen, sie sind eher als sich überschneidende Kreise zu betrachten. Die Autoren gewichten die Herausforderungen der zweiten Hälfte des Lebensbogens unterschiedlich und regen zu verschiedenen Möglichkeiten an, diese anzunehmen und zu meistern. Mit ihrem profunden Wissen um das Thema, mit ihrem beruflichen und privaten Interesse an älter werdenden Menschen, aber vor allem mit ihrer anschaulichen Darstellung ermöglichen die Autorinnen und Autoren neue Sichtweisen. Sie benennen Fragestellungen, suchen und entdecken Wegmarken, regen zur spirituellen Gestaltung des Älterwerdens an.

Wer erfährt, dass es Möglichkeiten gibt, sich innere Räume zu schaffen, auch wenn die Grenzen enger werden, wer lernt, dass man gegen Altersresignation zu Gedichten und Geschichten Zuflucht nehmen kann, wer hört, dass ein Sinn gefunden werden kann, der wird diese Möglichkeiten vielleicht für sich entdecken und auch nutzen. Wer sich Gedanken macht zu Abschiednehmen und Abschiedsritualen, zum Sterben, der wird Anregungen finden zum Weiterdenken. Wer sich fragt, was kommt nach dem Tod?, wird Tröstliches lesen können. Es wird auch der Versuch unternommen, eine neue Sichtweise auf demenziell beeinträchtigte Menschen zu gewinnen und damit ein anderes Verständnis für sie. Wie Älterwerden mit Tiefgang möglich ist, wie Ehepartner auch im Alter einander neu entdecken können oder wie sich Wohnen im Alter gestalten lässt, all das sind hilfreiche Überlegungen für Interessierte. Mit Herzensweisheit wie in Psalm 90 kommt man auch bei aktuellen Problemen weiter. Erhellend wird mehrfach dargestellt, wie man auch mit Unfertigem, mit offenen Fragen, mit dem Fragment leben kann. Beeindruckend ist das Porträt der 84-jährigen Frau, die – nicht fromm, aber tief gläubig – Lebenskunst gelebt hat.

Wir werden zur Erkenntnis geführt, dass die Kunst, mit seelischer Tiefe zu altern, erlernbar ist, dass sie eingeübt werden muss und dass man gut daran tut, früh damit zu beginnen.
Dann könnten auch die „Früchte der Jahre" eingefahren werden.

Ute Maurer

I Spiritualität als Lebenskunst

Herausforderungen benennen, annehmen, meistern

Die zweite Hälfte des Lebensbogens
Hinweisschilder auf dem Weg zu innerer Geräumigkeit

Wolfgang Vorländer

Der amerikanische Franziskanerpater Richard Rohr beginnt sein Buch „Reifes Leben" so: *Jeden von uns erwartet eine Reise in die zweite Hälfte des Lebens. Nicht jeder tritt diese Reise auch an, wenngleich wir alle älter werden und manche von uns ein sehr hohes Alter erreichen. Aus irgendeinem Grund jedoch ist diese ‚zweite Reise' ein gut gehütetes Geheimnis. Viele von uns wissen nicht einmal, dass sie überhaupt existiert. Es gibt einfach zu wenige Menschen, die uns davon erzählen, und noch weniger, die uns den Weg weisen können oder wissen, dass sich diese Reise von der in der ersten Lebenshälfte unterscheidet.*

Machen wir uns also auf die Reise. Wenn die zweite Lebenshälfte für Sie erst beginnt, heißt das: Sich orientieren und Reisevorbereitungen treffen. Wenn Sie schon tief in der zweiten Lebenshälfte unterwegs sind, könnte es darum gehen, innezuhalten und sich über den Weg, das Ziel und die Art, sich fortzubewegen, noch einmal Klarheit zu verschaffen.

Die Falle vermeiden

Die Falle heißt: Steckenbleiben in der ersten Lebenshälfte, weitermachen, wie bisher. Worin bestand die erste Lebenshälfte? Hauptsächlich geht es (und muss es gehen!) um Dinge wie: eine eigene Existenz aufbauen, etwas leisten, sich beweisen, den eigenen Platz erkämpfen/sichern, Erfolg haben.

Ohne diese Anstrengungen und Energien wäre es mit unserer Welt schlecht bestellt. Sie stellen das legitime und erforderliche Programm der ersten Lebenshälfte dar. Dadurch bildet sich zugleich unsere Identität heraus.

Die Versuchung liegt jedoch nahe – und dieser Weg wird von den meisten beschritten –, in der zweiten Lebenshälfte lediglich „mit der ersten weiter zu machen". Dies ist natürlich nicht ohne weiteres möglich, jedenfalls spätestens ab der Ruhestandsgrenze nicht. Daher handelt es sich beim „Weitermachen wie bisher" oft nur um die etwas langweilige Sicherung und Bewahrung der vorhergehenden Lebensphase oder deren Ergebnisse und Errungenschaften. Das Haus ist gebaut oder die Wohnung etwas komfortabler eingerichtet, jetzt renoviert man und streicht den Gartenzaun. Die Kinder sind aus dem Haus, doch gibt es jetzt (vielleicht) zum Glück Enkelkinder, um die man sich so oft wie möglich kümmern darf. Man ist nicht mehr berufstätig, aber erzählt bei jeder Gelegenheit, was man alles getan und geleistet hat.

Kurzum: es entsteht nichts wirklich Neues, es kommt zu keinem tieferen Wandlungsprozess, zu keiner tieferen Entdeckung für den „Sinn", der jetzt wie ein Schatz gehoben sein will, und für eine neue Art von Lebensreichtum.

Die Folge lautet bekanntlich häufig: Ruhestandsloch. Vielleicht in vielen anderen Fällen auch: Ruhestandsbanalität. Es „plätschert so dahin", und der Fernseher wird immer wichtiger.

Für viele Menschen ist das Heraustreten aus den sinnstiftenden Aufgaben der ersten Lebenshälfte eine narzisstische Kränkung: Wer kennt noch meine Bedeutung? Wer weiß überhaupt, was ich alles geleistet, worauf ich verzichtet, welche Verdienste ich mir erworben habe?

Also versucht man, weiterzumachen wie früher, so lange es eben geht. Zwar etwas langsamer und ein bisschen frei schwebend, aber so, dass man selbst das Gefühl hat, nicht abgehängt zu sein.

Daran kann freilich etwas richtig und sehr hilfreich sein, zum Beispiel, wenn Firmen die Expertise und Erfahrung ihrer Mitarbeiter, die das Rentenalter erreicht haben, doch noch nutzen und ihnen eine sinnvolle, begrenzte Aufgabe geben (leider gibt es erst wenige solcher Beispiele). Und es ist keine Frage, dass viele junge Eltern auf Grund ihrer Berufstätigkeit froh sind, wenn ihre eigenen Eltern sich an ein oder zwei Tagen in der Woche um das Enkelkind kümmern. Wie gut, wenn es in unserer Gesellschaft engagierte Großeltern gibt. Das alles ist nicht zu beanstanden.

Wolfgang Vorländer

Aber: Zu wenige Menschen kennen die eigentliche Einladung der zweiten Lebenshälfte. Sie lautet: vom Erfolgreichsein (das gilt überwiegend für Männer) oder vom Gebrauchtwerden (das ist häufig noch die traditionelle Devise von oder für Frauen) hin zu einer neuen Art von Lebendigwerden.

Es müsste sich dabei um ein Lebendigwerden handeln, das so nur in der zweiten Lebenshälfte möglich ist und das darum eine andere Gestalt hat als die Erlebnisfreude, die Energie und der Tatendrang in unseren jungen Jahren. Es ist ein Lebendigsein von einer anderen Art, auf einer tieferen (oder höheren) Ebene. Und damit verbindet sich ein ganz anderer Blick für das, was das Leben kostbar, erfüllt, sinnvoll und wesentlich macht. Richard Rohr sagt es so: „Die erste Aufgabe besteht darin, ein stabiles ‚Gefäß' oder eine Identität aufzubauen; die zweite ist es, den Inhalt finden, für den das Gefäß bestimmt ist."

Dieses Lebendigwerden im Gefälle des Reifens und Alterns hängt davon ab, welche inneren Bilder uns dabei bestimmen bzw. von welchen inneren Bildern wir uns leiten lassen. Es gibt schädliche Leitbilder für diesen Weg, und es gibt inspirierende und wegweisende Bilder. Um das zu verdeutlichen, machen wir uns klar, dass in der „Seele" der gesamten Menschheit, im kollektiven Unbewussten also, vielfältige Erfahrungen und Bilder gespeichert und verankert sind. Diese Bilder sprechen zum Beispiel von den Rollen und Funktionen, die jemand im Leben einnimmt oder zugesprochen bekommt. Im Anschluss an den großen Schweizer Tiefenpsychologen Carl Gustav Jung kann man von „archetypischen" Bildern sprechen.

Dies machen wir uns im Folgenden für den Weg in der zweiten Lebenshälfte klar. „Lebendigwerden" wird dann heißen: Die ungeeigneten inneren Bilder hinter sich lassen also zu meiden oder zu verlernen – und die lebenstiftenden Vorstellungen „zu sich einladen" und sie in sich verankern.

Innere Bilder, die blockieren

DER VATERLOSE:

„Was habe ich es doch schwer gehabt (nach dem Krieg)!" – „Was hatte ich für schlechte Eltern und strenge Lehrer!" – „Niemand hat mich wirklich verstanden!"... Aus dem Selbstbild des Vaterlosen folgt immer ein ungesundes Anspruchsdenken: Die Welt ist mir noch etwas schuldig! „Vaterlosigkeit" kann dabei den abwesenden Vater meinen, aber auch eine Chiffre sein für viele andere Formen von Mangel: Mangel an Zuwendung, Mangel an Liebe und Geborgenheit, Mangel an Gefördertwerden, Mangel an Aufmerksamkeit und Unterstützung. Solche Mangel-Erfahrungen können im späteren Leben zu einem narzisstischen Persönlichkeitsprofil führen, und dies ist stets mit hohen Erwartungen an andere Menschen verbunden, zum Beispiel mit einem chronischen und durch nichts zu sättigendes Bedürfnis nach Aufmerksamkeit, Lob und Anerkennung.

DER „LEIDENDE GERECHTE":

„Wie habe ich mich für andere eingesetzt – und was war der Dank!?" – „Undank ist der Welt Lohn!"
Es mag verwundern (oder vielleicht auch gerade nicht), dass der Typus des „leidenden Gerechten" häufig bei Menschen anzutreffen ist, die stets als besonders hilfsbereit und selbstlos erscheinen. Es sind die „Helfertypen" – diejenigen, die auch nachts um drei für jemanden aufstehen würden, die gerade Hilfe brauchen. Helferrollen können aus sehr unterschiedlichen Motiven gespeist werden. Einige solcher Motive sind leider wenig „heiligmäßig", sondern verraten eher Persönlichkeitsdefizite. Zum Beispiel: helfen, um Einsamkeit zu vermeiden; helfen, um benötigt zu werden und unabkömmlich zu sein; helfen, um Nähe und Intimität zu erfahren; helfen, um sich stark zu fühlen; helfen, um andere zu schwächen; helfen als Dienen, um zu herrschen und zu manipulieren. Ungesunde Helfermotive haben immer einen hohen Preis. Diesen Preis bezahlen sowohl diejenigen, die eine derartige „Hilfe" erfahren als auch die „unreifen Helfer" selbst. Die

Wolfgang Vorländer

solchermaßen Umsorgten fühlen sich oft „zwangsbeglückt", und die zwanghaft bemühten (oder unterschwellig selbstbezogenen) Helfer bekommen selten so viel wieder, wie sie geben: diese Frustration führt am Ende häufig zu Verbitterung und Selbstmitleid. Das Spiel hat begonnen, unschön zu werden.

DER KRIEGER (RECHTHABER):

In der zweiten Lebenshälfte sind „Krieger" solche Menschen, die in gewisser Weise darüber verbittert sind, dass sie im Leben nicht mehr zu sagen und zu bestimmen hatten. Sie sind beleidigt, dass die Menschheit meint, ohne ihren Rat auszukommen: welch schwerwiegender Irrtum! Daher muss man nun „deutlicher werden", sonst wird die Welt nie begreifen, wo sie sich zu bessern hat. Entsprechende Parolen lauten dann so: „Ich hab immer schon gesagt oder gewusst!" – „Wenn die anderen es endlich begreifen würden!" – „Die heutige Jugend muss endlich wieder lernen, dass ..." – „Dieses ganze Toleranzgesäusel, keiner sagt mehr, wo's lang geht!"

Diese unerfreuliche Form von rechthaberischer Selbstinszenierung und Aggressivität darf allerdings nicht verwechselt werden mit einem gesunden, vitalen und ethisch gebotenen „Gewissen". Die zweite Lebenshälfte und das Älterwerden laden uns ja nicht etwa zu oberflächlicher oder bequemer Alterstoleranz ein, die nur aus Abgebrühtheit oder geistiger Faulheit besteht. Im Gegenteil. Daher gibt es auch einen gesunden und „ethisch unverzichtbaren Zorn" auf viele Zu- und Missstände in der Welt, und es wäre ein sehr gesundes Zeichen, wenn dieser Zorn bis ins Alter fröhlich lodert, allein um unserer Kinder und Kindeskinder und einer für sie noch bewohnbaren Erde willen.

Der „Krieger" zeichnet sich demgegenüber leider dadurch aus, dass er selbst kein Lernender mehr ist, dass es ihm an wohlmeinender Güte mangelt und er selten für andere als ein Mensch des Gesprächs gilt. Er hat seine Überzeugungen und Parolen und benötigt Gefolgsleute. Alle anderen verdienen seine Verachtung. Zum Krieger gehört immer das Selbstbild des „Helden". Man wird allerdings bei ihnen den Verdacht nicht los, dass sie bloße Vorsätze nachträglich in vollbrachte Taten ummünzen. Meist wurde doch nur mit Wasser gekocht.

DER MÄRTYRER:

„Ich hab mich immer geopfert!" – „Wie oft bin ich still den unteren Weg gegangen und habe meine eigenen Bedürfnisse hintan gestellt!" – „Wenn die Menschen wüssten, welche Demütigungen und Kränkungen ich schon eingesteckt habe, ohne mich zu wehren!"

Märtyrer lieben den Schmerz des Verachtetseins, weil er eine bittersüße Seite hat: Man hat sich einen kleinen, fast unsichtbaren Heiligenschein erworben. Die Gefahr des Selbstmitleids ist unverkennbar. Oder auch die Gefahr, sich nicht nur als Opfer zu fühlen, sondern als grandioses Opfer, beziehungsweise als Opfer grandioser Umstände!

Märtyrer ist auch, wer es in Sachen Klagen zur Meisterschaft gebracht hat. Oder auch, wer in seinem Leben das merkwürdige Muster eingeübt hat, sich wie eine Maus zu verhalten, die immer wieder zur Katze läuft, um gebissen zu werden. Märtyrer sind vernarrt in ihre Krankheitsgeschichten. Und sie können in ergreifender Weise schildern, wo sie nicht nur Pech hatten, sondern welchen schlechten Menschen sie in ihrem Leben ausgeliefert waren, wie ungerecht der eigene Sohn ist, der nicht mehr mit einem redet, und was für ein Halunke und Holdrio der Ex-Ehepartner doch war. Märtyrer sehen alles genau, nur den eigenen Anteil nicht.

DER MISSIONAR:

„Die Welt muss endlich begreifen, dass ..." – „Es muss sich eine Menge (bei den andern) ändern ..." – „Wenn man nur einmal auf mich hören würde!" – „Ich habe Recht ...".

Missionare brauchen die unerlöste Welt und die Schwächen der anderen, weil daraus der Sockel gebaut ist, auf dem sie stehen. Sie haben einen Sendungsauftrag. Missionare sind die moralischen Perfektionisten und Weltverbesserer, die ihre Heilsbotschaft gerne „zur Zeit und zur Unzeit" zu Gehör bringen. Und wenn sich jeder davor in Deckung bringt, fühlen sie sich umso mehr herausgefordert, ihren Umkehrruf hinauszuposaunen. Missionare meinen oft, es gäbe nur eine richtige Antwort oder Lösung. Es fällt ihnen schwer, sich mit dem Ge-

Wolfgang Vorländer

danken anzufreunden, dass auch sie selbst noch etwas hinzulernen können oder müssen.

Missionare lieben das Schwarz-Weiß-Denken und teilen die Welt auf in richtig und falsch. Das kann sich auf religiöse Überzeugungen beziehen oder auf politische Heilslehren, welcher Art auch immer, keine Kompromisse werden erlaubt.

Innere Bilder, die beflügeln und lebendig machen

DER AUSSTEIGER:

Das Älterwerden ist die kecke Einladung des Lebens, aus der Reihe treten zu dürfen, nicht mehr mit der Masse zu marschieren und mit den Wölfen zu heulen. Viele meinen, „Aussteiger" – das kennzeichne eher das Bestreben Jugendlicher, die die Elternbindungen und Autoritäten hinter sich lassen und sich erst einmal die Hörner abstoßen müssen. Aber es gibt auch ein ungemein lebendiges, gesundes und lebenstiftendes „Aussteigen", wenn man älter wird. Ich muss bestimmte Spiele nicht mehr mitspielen. Ich muss nicht mehr um jeden Preis zum „Club" gehören. Ich bin kein Sklave des „Systems". Ich trete an den Rand, denn von dort sieht man die Sache klarer.

Im Hinduismus gibt es eine Weisheitslehre, die besagt: Wer nicht in der zweiten Lebenshälfte noch einmal „hinausgeht" (zum „Sucher" oder „Waldbewohner" wird – ein beredtes und schönes Bild), der wird niemals zu einem weisen Menschen werden. Die Metapher des „Waldbewohners" steht für die Entscheidung und Bereitschaft, noch einmal gleichsam aus dem mühsam erbauten Haus auszuziehen in eine Art Unbehaustheit, wo ich erneut nach dem Weg tasten und suchen muss und meine Sicherheit gegen das Ungewisse eintausche.

DER KÖNIG:

Die Einladung lautet: Ich soll und darf steuerndes Subjekt und nicht fremdbestimmtes Objekt des Lebens und der Verhältnisse sein. Ich bin kein Spielball der Umstände, sondern darf gestalten. Ab jetzt weigere ich mich, Gesetzen zu folgen, die meinen tiefsten Werten und Überzeugungen widersprechen. Hans Bürki hat dafür die kühne Formulierung gewählt: „Im Leben herrschen!". Er meinte damit den aufrechten Gang und die Berufung innerer Freiheit und Unabhängigkeit. Aber dieses „Herrschen" ist von einer ganz anderen Art als wir es meist kennen, es ist kein Befehligen und Beherrschen anderer, sondern das Bewohnen seines eigenen Königtums in Frieden. Es heißt: Friede in mir selbst; Bewohnen des „eigenen Reiches"; allem „gebieten", was mich von mir selbst entfremden will; der goldenen Schnur folgen, die mir sagt, „was mit mir gemeint ist".

DER PILGER:

Das ganze Leben ist eine Wanderschaft, wie das Fließen eines Flusses. Von der Quelle bis zum Ozean folge ich dem Fluss mit all seinen Windungen. Das Ziel ist vorn, und vorn liegt auch eine letzte Heimat. Alles Leben ist Unterwegssein, Sich-bewegen und Bewegt-werden. Nur im Tod gibt es den Stillstand und die Starre. Und so wie ein natürlicher Flusslauf „mäandert", so kennt das Leben als Pilgerschaft auch nicht den geometrischen Begriff der Strecke als kürzester Verbindung zwischen zwei Punkten. Oft sind es die Umwege, die uns im Leben verlässlicher zum Ziel bringen als die vermeintlich rationellen und effizienten Schnellstraßen.

Die Pilgerschaft der zweiten Lebenshälfte bedeutet vor allem: Nicht festhalten wollen! „Gib die Dinge der Jugend mit Anmut auf", sagt Max Ehrmann. Vor allem geht es um ein „Leben mit leichtem Gepäck". Das freilich haben die meisten Menschen anscheinend noch gar nicht begriffen. Das fängt schon bei mancherlei Ballast in Haus oder Wohnung an, meint aber noch viel mehr. Gerhard Tersteegen dichtete dazu die Worte:

> *Kommt, Kinder, lasst uns gehen,*
> *der Abend kommt herbei;*
> *es ist gefährlich stehen*
> *in dieser Wüstenei.*

Wolfgang Vorländer

Kommt, stärket euren Mut,
zur Ewigkeit zu wandern
von einer Kraft zur anderen;
es ist das Ende gut.

Man muss wie Pilger wandeln,
frei, bloß und wahrlich leer;
viel sammeln, halten, handeln
macht unsern Gang nur schwer.
Wer will, der trag sich tot;
Wir reisen abgeschieden,
mit wenigem zufrieden;
wir brauchens's nur zur Not.

DER LIEBHABER:

Je älter ich werde, desto mehr möchte ich zu einem Menschen werden „mit all seinen Sinnen". Ich feiere das Leben, denn achtsamer und bewusster höre ich auf seine Klänge, betrachte ich seine Farben, beachte ich seine Rhythmen, liebe seine Vielfalt und Schönheit, übe, in der Gegenwart zu sein.

Es ist jetzt an der Zeit, umzusetzen, was Richard Rohr so formuliert: „In unseren prägenden Jahren sind wir so mit uns selbst beschäftigt, dass wir gleichzeitig übermäßig defensiv wie auch übermäßig offensiv sind und nur wenig Zeit übrig haben, um einfach zu leben und Momente reiner Freundschaft, zweckfreier Schönheit oder tiefer Verbundenheit mit der Natur zu genießen".

Immer häufiger darf sich die gequälte Parole „Für nichts ist Zeit!" umkehren in ein genießendes: „Ich habe Zeit für... nichts!" Genau das nennt man übrigens Muße. Muße heißt: der Gipfel ist bestiegen, der Blick ins Land frei, das Diktat der Erwartungen anderer (oder meiner selbst) ist zu Ende. Muße ist die Königsdisziplin aller Lebenskunst, weil der Mensch endlich das Leben feiert und nicht mehr sich selbst. Jörg Zink hat dies fast in Poesie übersetzt:

Ich brauche nur noch am Schreibtisch zu sitzen,
wenn mich die unbändige Lust zu arbeiten überfällt.
Ich reise nicht mehr zu geschwätzigen Konferenzen.
Ich brauche nichts zu werden. Nichts zu erreichen.
Niemand braucht mich gut zu finden.
Was ich tat, tun nun die Jungen.
Sie machen fast alles anders. Gut.
Ich habe seinerzeit auch fast alles anders gemacht
als die Alten. Ich wünsche ihnen ein gesegnetes Tun
und Gottes Beistand.
Aber ich? Ich darf einfach ‚sein‘.
Ist das nichts? Ich gedenke es zu genießen,
solange Gott mir seine Sonne scheinen lässt.
Ich werde vor dem Haus meiner Seele sitzen.
Die Figuren meiner Phantasie streifen
durch den Garten.
Die Gestalten meiner Erinnerung gehen aus und ein
und reden über längst Gewesenes.

DER FREUND:

Wirkliche Freundschaft ist bekanntlich ein rares Gut. Und schwierig
ist es, in der zweiten Lebenshälfte noch einmal ganz neue Freundschaften zu finden oder zu begründen, die in die Tiefe gehen. Niemand aber kann mich daran hindern, selbst zum Freund zu werden.
Es ist, wie wenn ich das Leben noch einmal auf einen neuen Kammerton stimmen lasse. Ich gebe Anteil und nehme Anteil. Ich höre zu und
lasse zu. Mein Herz schwingt mit. Ich habe Zeit für echte Begegnung.
Ich umgebe mich mit Menschen, die mir gut tun, und möchte mich
denen zuwenden, denen ich gut tue.
Wir alle benötigen wohltuende, ermutigende und inspirierende Begegnungen wie das tägliche Brot. Wer älter wird, sollte jedoch gelernt
haben: Nur darauf zu warten, dass andere zu mir kommen, kann zu
Enttäuschungen führen, über denen manch einer schon bitter geworden ist. Gelebte Freundschaft bedeutet daher immer: gelebte Gastfreundschaft. Und dazu gehört auch, dass man selbst die Initiative er-

Wolfgang Vorländer

greift: Mit wem möchte ich Zeit verbringen, für wen möchte ich ein schönes Essen zubereiten oder einen guten Wein entkorken, wem möchte ich zuhören, und wie kann mein Haus, meine Wohnung zu einem Ort des Erzählens werden, einer lebendigen Erzählkultur? Übrigens auch und vor allem zu einer Erzählkultur zwischen den Generationen, die in unserer individualistischen Gesellschaft dringend einer Erneuerung bedarf.

DER WEISE:

Ich muss nichts mehr leisten, ich darf sein. Für das, was ich zu sagen habe, reichen wenige Worte. Den Jungen schenke ich Vorschussvertrauen. Ich verbiete mir das Schwarzsehen.

Zum Weise-Sein gehört auch, dass ich die früheren Stufen meiner Entwicklung annehme, bejahe und integriere. Das ist der Unterschied zwischen den beiden Lebenshälften! Während junge Menschen sich schwer tun, den Sinn der zweiten Lebenshälfte zu erfassen und ältere Menschen als naiv, abgehängt oder überflüssig betrachten, wird ein gereifter Mensch immer eher großzügig, verständnis- und humorvoll und mit Geduld auf Menschen in der ersten Lebenshälfte blicken, die noch vom Vorankommen in der Gesellschaft bestimmt sind. Auch das, was man selbst einst behauptet, eisern verfolgt und als letzte Wahrheit vertreten und geglaubt hat, darf man, weise geworden, vielleicht nachträglich belächeln oder sich selbst darüber wundern. Man sollte seine früheren Gedanken, Meinungen und Bemühungen aber nicht verurteilen, sondern als eine notwendige Stufe der eigenen Entwicklung betrachten.

Ein weiser Mensch zeichnet sich ferner aus durch seine „übergroßen Ohren": er lauscht und hört zu. Und man erkennt ihn an seinem Lächeln, das Güte verrät, und daher niemals schadenfroh grinst. Und schließlich kennzeichnet ihn das Eingeständnis, dass die eigene Generation „es auch nicht in Ansätzen geschafft hat, die dringendsten Probleme zu lösen" (Jörg Zink). Dies verbindet sich mit dem Mut und der Unerschrockenheit, das zu benennen, was für die Zukunft derer erforderlich ist, die nach uns kommen.

Sich selbst kennen

Sich selbst kennen – eine solche Formulierung ist natürlich fast ein Unding. Denn eins dürfte gewiss sein: Wir Menschen sind und bleiben uns selbst immer ein Geheimnis, ein Rätsel und oft auch ein Abgrund. Insofern sollte man das Wort „kennen" mit größter Vorsicht gebrauchen. Und dennoch: Wer in der zweiten Lebenshälfte unterwegs ist, sollte doch gelernt haben, über den Menschen einiges in Erfahrung zu bringen: über die Schönheit und die Tücken der menschlichen Natur im Allgemeinen – und darüber, wie man selbst „tickt". Sich selbst kennen, das hat zu tun mit dem einzigartigen Entwurf, den wir verkörpern, und mit unserem ureigenen Lebensgepäck.

Es war C. G. Jung, der entschieden die Ansicht vertrat, dass der innerste Kern des Menschen etwas unzerstörbar Helles, Heiles und Wertvolles darstellt. Freilich klingt das zunächst wie eine Art „Glaubenssatz", doch handelt es sich um mehr als eine pure Wunschvorstellung. Denn immer wieder zeigt sich, dass Menschen mit einem Schicksal, das sie eigentlich hätte zur Strecke bringen oder innerlich zerrütten müssen, am Ende sogar noch so etwas wie ein „gesteigertes Leben" oder eine einzigartige, positive Ausstrahlung erlangen.

In modernen psychotherapeutischen Beratungen wird Wert darauf gelegt, dass ein Mensch sich mit seinen schweren seelischen Krisen und Konflikten nicht vollkommen identifiziert, sondern an einen letzten inneren Ort glaubt, in dem der einzigartige Entwurf seines Lebens, ein letztes In-Ordnung-Sein aufbewahrt und vor jeder Zerstörung geschützt ist. Kein Mensch besteht nur aus seinen Verletzungen und Leiden.

Bei Meditationswochenenden habe ich für diese Wahrheit oft ein schlichtes religiöses Symbol benutzt. Die Gruppe bildete einen Kreis, und ich ließ einen leeren Tonkrug herumgehen. Beim Weiterreichen des Krugs sagte jeder zu seinem Nachbarn, seiner Nachbarin: „Gott ist noch unter deiner Tiefe!". Dieser Satz spricht die Sprache der Mystik. Die großen christlichen Mystiker waren überzeugt, dass der einzigartige Entwurf, das unzerstörbare Selbst eines Menschen zu tun hat mit Gott: In und unter der dunkelsten Stelle meines Lebens erwartet mich die Gegenwart Gottes in mir.

Wolfgang Vorländer

Wir benötigen solche inneren Bilder, damit unsere schmerzhaften Erfahrungen oder unsere negativen Selbstbilder nicht Oberwasser bekommen und wir uns nicht ausschließlich mit ihnen identifizieren.

Aber mit unserem „einzigartigen Entwurf", mit unserem „unzerstörbaren Selbst" oder unserem „innersten Heilsein" geht die andere Wahrheit unseres Lebens Hand in Hand. Diese andere Wahrheit ist unser ureigenstes Lebensgepäck. Aber auch hier ist die Frage: Wie bewerten wir es, wie gehen wir damit um?
Der Schweizer Theologe Karl Barth hat einmal die denkwürdige Formulierung gebraucht, dass unsere Bürde auch unsere Würde ist.
Diese tiefsinnige Wahrheit kann besagen: Es gibt in uns so etwas wie eine „heilige Wunde", die uns nicht zerstört, sondern uns in einer geheimnisvollen Weise gerade zu Menschen macht. Ohne eine solche Bürde wäre unser Leben vielleicht an der Oberfläche geblieben und hätte keinen Tiefgang gewonnen. Wenn die Bürde auch Würde sein kann, dann liegt darin die Einladung, mich im Blick auf mein Schicksal nicht nur als Opfer zu fühlen und zu bewerten. Zur Würde wird eine Bürde auch dadurch, dass man eines Tages zu sich sagen kann: „Du hast es geschafft, diese Last zu schultern und zu tragen! Sie hat dir das Letzte abverlangt, aber du bist nicht daran zerbrochen!" Diese Erkenntnis kann sogar ein Gefühl der Dankbarkeit und Selbstachtung hervorrufen.
„Sich selbst kennen" – das soll also nicht mehr und nicht weniger bedeuten als dies: Um den unzerstörbaren Kern meiner Person wissen – und mein Lebensgepäck als etwas verstehen, das meinem Dasein „Gewicht" verleiht. Es geht also nicht darum, dass wir unsere eigenen Tiefen auszuloten vermögen und uns „selbst einleuchten" (Fulbert Steffensky), sondern es geht um einen hilfreichen Umgang mit dem Heilen und mit dem Verwundeten in uns. Daran entscheidet sich, was man als „spirituellen Reifungsprozess" bezeichnen könnte.
Und noch ein Weiteres will entdeckt sein: ein gelöster und erlöster Umgang mit Scheitern und Schuld im eigenen Leben. Irgendwann sollte man begreifen: Scheitern und Hinfallen kann einen bestimmten Zweck erfüllen, wenn wir die richtige Perspektive einnehmen. Die wirklich sinnvolle und unbedingt hilfreiche Frage muss lauten: Was

habe ich daraus gelernt?! Schon **Meister Eckehart** wagte zu sagen, dass man Schuld „nicht allzu sehr bereuen solle, denn der Wert der Sünde sei groß".

C. G. Jung meinte, es gehöre zu den Paradoxien im menschlichen Leben, dass „gerade das, was die größte Angst auslöst, die Quelle der größten Weisheit ist. Unsere größte Torheit ist unser bestes Sprungbrett. Niemand kann ein weiser Mensch werden, ohne ein schrecklicher Tor zu sein".

„Sich selbst kennen" – das heißt in dieser Perspektive: Ich muss bei mir selbst auf Irrtümer, Verblendungen, Verstrickungen und abgrundtiefe Torheiten gefasst sein – aber diese Selbsterfahrung soll weder zu Selbstrechtfertigung noch zu Selbstverachtung (ver)führen, sondern zu demütigem und mutigem Lernen. Frère Roger, der Prior von Taizé, fasste es in das schlichte Wort: „Jeder Tag ist ein Heute Gottes – darum gehen wir von Neuanfang zu Neuanfang". In einem Gebet vermochte er sogar zu formulieren:

Auferstandener,
du nimmst uns mit unserem Herzen an, wie es gerade ist.
Warum sollten wir, bevor wir zu dir gehen, erst darauf warten,
dass sich unser Herz ändert? Du verklärst es.
Mit unseren eigenen Dornen entzündest du ein Feuer.
Die offene Wunde in uns ist der Ort,
an dem du deine Liebe eingießt.
Und selbst in unseren Verletzungen lässt du Gemeinschaft mit dir wachsen.
Deine Stimme zerreißt unsere Nacht,
und die Tore des Lobpreises tun sich in uns auf.

Die Landkarte des Glücks kennen

In der zweiten Lebenshälfte sollte man eine realistische und begründete Vorstellung davon besitzen, was eigentlich „Glück" bedeutet. Wann sind wir, wann bin ich glücklich?

Vielleicht erstaunt es Sie: Auch wenn Glück wahrscheinlich etwas höchst Individuelles und daher von Mensch zu Mensch ganz Verschie-

Wolfgang Vorländer

denes bedeuten kann, so gibt es dennoch so etwas wie eine „Landkarte des Glücks". Sie ist in den letzten Jahren sogar zum Gegenstand wissenschaftlicher Untersuchungen geworden, der so genannten „Glücksforschung". Auch Neuropsychologen können uns inzwischen Erstaunliches dazu mitteilen.

Jedoch hat uns allen das Leben selbst bereits einige einfache Grundwahrheiten beigebracht, die uns helfen, den Weg des Glücks zu finden. Alles, was zutiefst wahr ist, hat die Eigenschaft, auch zutiefst einfach zu sein.

Wir könnten es einmal versuchen mit einem einzigen, bündigen Satz, der lautet: Glück, das ist das Zusammenspiel von *Geborgenheit, Selbstbestimmung, Wohlergehen und Selbstwert*. Gehen wir diesen Begriffen ein wenig nach.

Zur *Geborgenheit* gehören: Liebe, sichere Bindungen bzw. verlässliche Beziehungen, Nähe, Vertrauen, Zugehörigkeit.

Bei *Selbstbestimmung und Freiheit* geht es um das Bedürfnis, auf seinen eigenen Beinen zu stehen, über sein Leben die Kontrolle zu haben, selbst entscheiden zu können und in seinen Entscheidungen respektiert zu werden; und es geht um die Sehnsucht, dass das Leben mich „beflügelt", dass ich kreativ sein kann.

Bei *Wohlergehen* sprechen Psychologen von Schmerzvermeidung und Lustgewinn. Hier handelt es sich einerseits um ein biologisches Bedürfnis, das wir mit allen höheren Tierarten gemeinsam haben, andererseits setzt Wohlergehen aber auch den Einklang von Leib und Seele voraus – also das Gegenteil dessen, was wir unter psychosomatischen Störungen verstehen.

Anerkennung und Selbstwert ist auch ein fundamentales Bedürfnis und hat damit zu tun, dass wir Menschen soziale Wesen sind. Anerkennung, Respekt und Achtung sind für uns ebenso wichtig wie Selbstachtung und ein gesundes Selbstwertgefühl.

Mit diesen Begriffen bezeichnet man die wichtigsten menschlichen Grundbedürfnisse. Wenn unser reales Ergehen mit diesen Grundbedürfnissen einigermaßen übereinstimmt, dann fühlen wir uns wohl, dann empfinden wir so etwas wie eine innere „Wohl-Spannung" (Eu-tonie), dann empfinden wir Zufriedenheit, Freude am Leben und

Glück. Klaus Grawe ist aus wissenschaftlich-neurobiologischer Pers-
pektive davon überzeugt, dass jede schwerwiegende Verletzung oder
Beeinträchtigung auch nur eines dieser vier Grundbedürfnisse auf die
Dauer gesundheitliche Störungen zur Folge haben muss.

Nun sollte man aber im Verlauf des eigenen Reifungsprozesses allerdings auch gelernt haben, dass die Verantwortung für persönliches
Glücklichsein nicht bei den anderen Menschen zu suchen oder an sie
zu delegieren ist. Weder ist der Ehepartner, noch sind meine Kinder,
geschweige denn meine Verwandten, Kollegen oder Nachbarn für
mein Glück zuständig und verantwortlich. Was für eine Binsen-
weisheit, möchte man sagen! Und doch wissen wir, wie schnell wir
unsere Glückserwartungen nicht an uns selbst, sondern an andere
adressieren.

Moderne Therapie- und Beratungsmethoden konzentrieren sich immer mehr auf die Frage: Welche Ressourcen können in dem betref-
fenden Menschen, der (psychologische) Hilfe sucht, selbst geweckt
und gefördert werden; worin liegt der entscheidende Beitrag, den er
oder sie selbst zu leisten vermag? Und diese Herangehensweise ist
alles andere als zynisch.

Im Blick auf die sechs oben genannten Bedürfnisse, deren Zusam-
menklang die Erfahrung von Glück ergeben würde, kann jedes Mal
gefragt werden: Was kann ich heute dafür tun, dass ich der Erfüllung
dieses Bedürfnisses etwas näher komme? Und die Erfahrung stellt
sich ein: meistens beruht eine tiefere Zufriedenheit auf kleinen, oft
unscheinbaren Faktoren und nicht auf der Erfüllung großer Träume.
Die kleinen und unscheinbaren Faktoren sind zudem am ehesten zu
gestalten und zu beeinflussen. Lebenskunst – das ist gerade die
„Kunst der kleinen Dinge", der schöpferische Blick dafür, dass oft
„mit Wenigem viel gegeben ist" (Frère Roger).

Häutungsprozesse

Reifung und Wandlung wird selten durch einen „Ruck" ausgelöst,
wenngleich auch dies gelegentlich geschieht, etwa durch eine ganz

neue Begegnung mit einem Menschen, einer Kultur, einer Gemeinschaft. Aber wodurch immer ausgelöst: Reifung vollzieht sich genau wie jeder Wandlungsprozess stets *wachstümlich*.

Jeder Mensch, der in seinem Leben innerlich lebendig ist und aus dieser inneren Lebendigkeit und Achtsamkeit sein Leben zu leben versucht, macht wahrscheinlich die Erfahrung, dass er sich ein paar Mal im Laufe seines Lebens „häutet". Der Volksmund sagt zwar: „Niemand kommt aus seiner Haut heraus", aber das stimmt nicht in jeder Hinsicht. Spirituell lebendige Menschen erfahren im Gegenteil, dass man in einer alten Haut gar nicht ein Leben lang stecken bleiben kann. Weil sie einem irgendwann zu eng geworden ist oder geworden sein sollte. Wir wachsen in längerfristigen Lebenszyklen aus uns heraus in etwas Neues hinein. Derlei findet im Leben nicht fortwährend statt, aber vielleicht immer wieder und mehrere Male. Auslöser für solche Wandlungserfahrungen können sein: Krisen, Scheitern, Leiden, das ins Leben integriert wurde; Veränderung des sozialen oder kulturellen Lebensraums; neue Begegnungen; Bücher, Filme oder sonstige tiefgehende Eindrücke, durch die im Leben etwas Neues zum Klingen gebracht wurde; Verlusterfahrungen, die zugleich einen neuen Horizont eröffneten.

Wer seine Häutungsprozesse zu verhindern versucht, läuft Gefahr, zu veroberflächlichen, zu versteinern oder zu verdorren. In der Bibel heißt es einmal: „Du sollst mit einem neuen Namen genannt werden, welchen des Herrn Mund nennen wird" (Jesaja 62,2). Hier geht es um [*handschriftliche Notiz am Rand:* Jesaja 62,2] den Prozess des Sich-Häutens, um die Erfahrung innerer Veränderung und Wandlung. Und dabei entsteht gewissermaßen – symbolisch ausgedrückt – ein neuer „Name".

Vor etlichen Jahren – während eines Seminars – schickte der Schweizer Seelsorger und Spiritual Hans Bürki die Teilnehmer eines Nachmittags nach draußen. Jeder sollte sich irgendwo einen stillen Platz suchen und mit keinem reden. Die Aufgabe lautete: „Überlegen Sie doch einmal, was eigentlich Ihr bisheriger ‚Name' war, welcher Name für das steht, was Sie in der Vergangenheit gelebt haben, für ihr stillschweigendes Lebensmuster oder Lebensmotto (z. B. der/die Tüchtige, der/die Hilfsbereite, der/die Eilige, Anmerkung des Autors). Und wenn Sie das herausgefunden haben, dann schauen Sie einmal hin, ob dieser Name eigentlich noch für Sie passt!. Oder ob da längst etwas anderes in Ihnen ans Licht kommen will, geboren werden will oder vielleicht sogar schon da ist! Und dann überlegen sie, welcher neue Name dafür am besten passen würde!"

Man könnte sagen: Ein Häutungsprozess ist dann abgeschlossen, wenn er im Bereich der Identität, des ganz persönlichen Lebensmottos, des Selbstbildes oder auch des religiösen Glaubens zu einer Veränderung geführt hat, die nicht mehr rückgängig gemacht werden will – dies wäre dann der „neue Name".

Notwendiger Tiefsinn und hilfreicher Leichtsinn

„Wir bringen unsere Jahre zu wie ein Geschwätz", so lautet die bekannte kritische Feststellung in Psalm 90,9. Man muss nur einmal bewusst hinhören, was den lieben langen Tag geredet, geschwatzt – und inzwischen „gechattet" und „getwittert" wird. Es reicht dafür schon die Plage des unfreiwilligen Mithörens von Handy-Gesprächen im Intercity.

Ich erinnere mich an einige Tage, die ich im Gästehaus einer Kommunität im Schweigen verbrachte: eine bewusste Auszeit, ein Fasten mit Worten. Die Mahlzeiten jedoch nahm ich im Speisesaal ein und saß mit den anwesenden Gästen beziehungsweise Gruppen zu Tisch. Wer aus dem Schweigen kommt, für den kann es zur Qual werden, den Gesprächen anderer zuhören zu müssen, weil man wie selten sonst den Eindruck gewinnt: Wie vieles könnte ungesagt bleiben, wie viel Überflüssiges und gänzlich Belangloses!

Das Älterwerden sollte der Geschwätzigkeit und Schwatzhaftigkeit den Garaus machen – was leider nicht die Regel ist. Dazu gehört zum Beispiel, dass man sich vornimmt, alle Begegnungen, die nur zu unerfreulichen oder allzu banalen Gesprächen führen, abzukürzen. Dazu gehört, dass wir unser Reden und Hören mit Inhalt versehen. Und das ist am ehesten dann der Fall, wenn wir darauf verzichten, allzu uferlos von uns selbst zu reden.

Jedoch besteht die Einladung des Älterwerdens keineswegs darin, nur in Tiefsinn zu versinken oder zum Pharisäer zu werden, der über alles die Nase rümpft, was mit dem „Ernst des Lebens" nichts zu tun hat. Ebenso sollten wir uns nämlich jene Form von „Leicht-Sinn" aneignen, die überall da erfahren wird, wo wir uns beschwingt fühlen, wo unser „inneres Kind" uns an seine Lebenslust erinnert, wo der Fluss des Lebens keine Turbinen anzutreiben hat, sondern auch einmal einfach „fröhlich plätschern" darf. Hilfreicher Leichtsinn, das ist auch die Fähigkeit, nicht immer auf *political correctness* zu achten und gelegentlich einmal etwas Unvernünftiges zu tun, bei dem ich mich jedoch richtig lebendig fühle, beziehungsweise bei dem ich mich unter Umständen endlich wieder einmal wirklich *fühle*.

Tiefsinn und Leichtsinn kommen jedoch am stärksten dort zueinander, wo ein Mensch in der zweiten Lebenshälfte es schafft, niemandem mehr unbedingt gefallen zu müssen. Diese Aussage kann für Missverständnisse gut sein; jedoch kennzeichnet sie eine Wahrheit, die unserem reifer gewordenen Leben eine wunderbare Frische, Kühnheit und subversive Kraft einhaucht.

Sie bedeutet nämlich die Zähmung des unersättlichen Narzissmus, der in den meisten von uns steckt. Narzissmus gibt es in zwei Ausfertigungen. Es gibt einen gesunden, vitalen und lebensfördernden Narzissmus (in diesem Sinne wäre es „gesund narzisstisch", niemandem mehr unbedingt gefallen zu müssen!). Und es gibt einen pathologischen Narzissmus, der gefall-süchtig ist, opportunistisch, unersättlich liebeshungrig, immer aus auf Bestätigung, Lob und Beifall. Jörg Zink appelliert daher an alte Menschen, unbequem zu bleiben:

Unsere Welt braucht Alte, die, ohne gleich von Alternativlosigkeit zu sprechen, darüber nachdenken, welche Fehler die heute Aktiven offenbar machen, wenn unsere Welt so aussieht, wie sie es tut. Ihnen geben sie die Weisung: Denkt subversiv und innovativ, denkt frei, subjektiv und positiv, solange ihr am Leben seid. Dann seid ihr auf der richtigen Spur. Verliert keine Zeit damit, nach Bundesgenossen zu suchen, richtet euch nach keiner Meinung. Denkt in keiner Gewohnheit. Nehmt euch die Freiheit, nur solche Gedanken zu verfolgen, bei denen es euch selbst gut geht. Denn nur solche Gedanken bringen auch die Jungen irgendwie weiter. Ihr alten Frauen und Männer, macht euch klar, wie mächtig ihr seid. Wenn ihr selbstkritisch mit euch umgeht, wird das euren Ruhm nicht im Geringsten schmälern, aber es wird den Jungen um euch her enorm helfen, ihre Fehler nicht zu wiederholen.

Innere Geräumigkeit

Manche von uns kennen aus früheren Zeiten noch die Beförderungs-
einrichtung des Paternosters: Vorläufer des Aufzugs, vornehmlich
war er anzutreffen in öffentlichen Gebäuden. Die offenen Kabinen,
die von einer Etage zur anderen fuhren, musste man mit Hilfe von
Beweglichkeit und Reaktionsschnelle „erwischen" und schnell hin-
einspringen, denn sie hielten nicht an. Auf der einen Seite war der
Einstieg zum Runterfahren, gleich daneben derjenige, der einen nach
oben beförderte. So einen Paternoster gibt es auch im Prozess des
Älterwerdens, und zwar bezogen auf unsere Grenzen: Wenn die
äußeren Grenzen enger werden, sollen die inneren Grenzen weiter
werden.
Die engeren Grenzen spüren wir meistens im Blick auf Gesundheit
und Fitness. Aber auch die „dritte Haut", nämlich der Raum, den wir
bewohnen, muss oft im Verlauf des Älterwerdens eingetauscht werden gegen einen kleineren. Das Haus ist zu groß geworden, eine klei-
nere Wohnung ist mit weniger Arbeit verbunden – und am Ende steht
für viele das Zimmer im Seniorenheim. Der äußere Raum wird im
Alter selten größer und weiter, wir sprechen von Einschränkungen –
und Einschränkungen sind Schranken.
Aber spiegelverkehrt könnte dieser oft schmerzhaften Erfahrung die
andere entsprechen, die nämlich, dass „das „Herz weit wird", dass
enge Sichtweisen geweitet werden, dass Wissbegierde, Großherzig-
keit, Toleranz und Offenheit im Alter eher noch zunehmen. Die Verantwortung dafür und das Ergreifen dieser wunderbaren Chance liegt
bei uns.
Lebendiges Älterwerden beinhaltet also häufig zwei gegensätzliche
Erfahrungen. Melancholie und leise Depression ist die eine. Die andere ist so ungefähr das reine Gegenteil, nämlich das Gefühl eines „lebendigen inneren Kerns", der offenbar keinem Zahn der Zeit unterworfen ist.
Ich selbst erlebe dies zum Beispiel in meinem immer noch zunehmenden Wissensdurst. Ich nenne das die Erfahrung, dass das Leben
innerlich geräumiger wird, die Erfahrung innerer Geräumigkeit. Innere Geräumigkeit, das ist wie das Geschenk und die Erfahrung, dass

selbst dann, wenn die Grenzen enger werden sollten, eine innere Landschaft sich öffnet, in der man selbst und andere atmen können, fern jedes Dogmatismus oder jedes: „Hab ich doch immer schon gewusst und gesagt".

Innere Geräumigkeit kann auf verschiedene Weise erfahren und erworben werden. Manche Menschen benötigen dafür mit zunehmendem Älterwerden den immer ausgedehnteren Aufenthalt in der Natur. Sie sehnen sich nach der Weite des Meeres und verbringen jedes Jahr einige Wochen am Meer. Andere bewegen sich, solange es gesundheitlich möglich ist, auf den Höhenwanderwegen der Alpen. Sie haben den Eindruck, dass sich in ihnen so etwas einstellt wie eine Erlösung oder Befreiung, wenn sie auf diese Weise „über den Dingen stehen".

Innere Geräumigkeit, das ist für andere eine durch und durch *innerlich* zu gestaltende Angelegenheit. Vielleicht haben sie bei einer angeleiteten Meditation oder in einer Therapie gelernt, auf ihren Atem zu achten, ihrem Atem zu folgen, vielleicht sogar in Verbindung mit der uralten Tradition des Herzensgebetes.

Wieder andere verbinden mit innerer Geräumigkeit vor allem jede Form von *Stille*. Sie haben es gelernt, sich die Stille zur Freundin zu machen.

Und andere kennen das innere Weitwerden so, dass sie immer noch die Kraft der *Sehnsucht* in sich verspüren – und wissen, dass Sehnsucht gleichzeitig schmerzt und belebt, aber gerade so lebendig macht.

Und schließlich leben Menschen der zweiten Lebenshälfte ihre innere Geräumigkeit so, dass sie einer ungebremsten *Neugier* folgen; nicht der Neugier eines hinter der Gardine äugenden Nachbarn, sondern einer kindlichen Entdecker-Neugier: „Was es alles noch zu verstehen, erfahren und lernen gibt!", „Was ich alles noch nicht weiß!"

Innere Geräumigkeit – das wäre das Ziel. Es sollte uns leuchten wie eine Verheißung. Und vielleicht würden es gerade die jungen Menschen sein (schon die Kinder!), die am untrüglichsten spüren, mit wem sie es zu tun haben: mit einem festgelegten und festgefahrenen Menschen oder mit jemandem, „der auffährt mit Flügeln wie Adler", wie es in dem wunderschönen, poetischen Wort des Propheten Jesaja (40,31) heißt.

Es taugt die Bitte, dass die Frucht so bunt sei wie die Blüte

Gegen die Altersresignation

Dorothea Margenfeld

Ratschläge möchte ich keine erteilen. Also will ich auch nicht solche Dinge sagen wie:

- dass es wichtig sei, zu seinem Alter zu stehen und das Älterwerden nicht zu verdrängen ...
- dass man sich unbedingt geistig und körperlich fit halten müsse ...
- dass man den Verlustgefühlen, auch der Klage Raum geben müsse, aber umso mehr das Schöne im Leben dankbar genießen solle ...
- dass man neugierig, lernbegierig und unternehmungslustig bleiben müsse ...
- dass man alte Beziehungen und Freundschaften pflegen solle und auch neue Kontakte suchen und Gemeinschaft pflegen ...
- dass man die eigene Lebenserfahrung als ein kostbares Gut schätzen solle und zugleich für neue und andere Erfahrungen offen sein ...
- dass man sich ruhig auch im Alter noch einmischen und aktiv für etwas einsetzen darf – nein muss! –, um auch so der Resignation zu wehren ...
- dass man bei aller gebotenen Vorsicht dem Misstrauen und der Angst nicht zu viel Raum geben dürfe ...
- dass man sich viel bewegen solle, spazieren gehen, wandern, tanzen und sich an der Schöpfung freuen solle ...
- dass man viel lachen solle und für Freude, für Zärtlichkeit und Liebe empfänglich sein ...

Wenn ich das aber nicht will: gute Ratschläge erteilen? Was bleibt mir dann zu tun?

Wie schon manchmal habe ich mich dafür entschieden, zu Gedichten, Bildern und Geschichten Zuflucht zu nehmen. Da kann man einkehren wie in einer Herberge und sich niederlassen und sich stärken so wie es einem gerade gut tut.

Das Gedicht, mit dem ich beginnen will, stammt von der jüdischen Dichterin Hilde Domin, die in Deutschland geboren wurde und über Italien und England nach San Domingo ins Exil ging.
Hilde Domin sagt von sich selber, dass sie eigentlich nicht wirklich gläubig oder religiös sei, aber in dem Gedicht, das ich ausgesucht habe, gebraucht sie an hervorgehobener Stelle und für mich überraschend ein altes biblisches Wort. Das Gedicht ist überschrieben: „Die schwersten Wege".
Es kommt in dunklen Farben daher, weil es viel Grund gibt zu resignieren, nicht erst im Alter. Aber dann sehen wir in dem Gedicht die Hoffnung aufblühen in hellen, leuchtenden, warmen Farben.

DIE SCHWERSTEN WEGE

Die schwersten Wege
werden alleine gegangen,
die Enttäuschung, der Verlust, das Opfer
sind einsam.
Selbst der Tote der jedem Ruf antwortet
und sich keiner Bitte versagt
steht uns nicht bei und sieht zu
ob wir es vermögen.
Die Hände der Lebenden die sich ausstrecken
ohne uns zu erreichen
sind wie die Äste der Bäume im Winter.
Alle Vögel schweigen.
Man hört nur den eigenen Schritt
und den Schritt den der Fuß
noch nicht gegangen ist aber gehen wird.
Stehenbleiben und sich Umdrehen
hilft nicht. Es muss
gegangen sein.

Es taugt die Bitte, dass die Frucht so bunt sei wie die Blüte

Nimm eine Kerze in die Hand
wie in den Katakomben,
das kleine Licht atmet kaum.
Und doch, wenn du lange gegangen bist,
bleibt das Wunder nicht aus,
weil das Wunder immer geschieht,
und weil wir ohne die Gnade
nicht leben können:
Die Kerze wird hell vom freien Atem des Tags,
du bläst sie lächelnd aus
wenn du in die Sonne trittst
und unter den blühenden Gärten die Stadt vor dir liegt,
und in deinem Hause
dir der Tisch weiß gedeckt ist.
Und die verlierbaren Lebenden
und die unverlierbaren Toten
dir das Brot brechen und den Wein reichen –
und du ihre Stimmen wieder hörst
ganz nahe
bei deinem Herzen.

„Weil wir ohne die Gnade nicht leben können" – das ist gleichsam Hilde Domins Glaubensbekenntnis. „Ja, ich empfinde mein Leben als Gnade", sagte sie einmal im Gespräch. „Gnade ist etwas, was man empfängt, das nicht unbedingt begründbar ist, sondern man hat Glück oder Gnade. Man kann das eine oder andere sagen. Ich sage Gnade, weil es bescheidener ist." Ob sie an Gott glaube, wurde sie gefragt, aber das wollte sie offen lassen. „Ich glaube an die Gnade", wiederholt sie, „die Gnade als Geschenk".

Ich habe diese Sätze als befreiend empfunden. Das Leben ist Gabe, Geschenk, Gnade – mit allem, was dazugehört. Mit Mut und Hoffnung, mit Glück und Verlust, mit Schmerz und Trauer. Da ist nichts, was wir machen, was wir uns antrainieren oder was wir erzwingen könnten. Wenn wir's doch versuchen, geraten wir früher oder später unter die „Tyrannei des gelingenden Lebens" und erliegen damit ei-

Dorothea Margenfeld

nem gnadenlosen Maßstab. Gunda Schneider-Flume, Theologieprofessorin in Leipzig, hat diese Tyrannei in einem lesenswerten Buch beschrieben, das den Titel trägt: „Leben ist kostbar – Wider die Tyrannei des gelingenden Lebens".

Vielleicht hängt mein Zögern, Ratschläge zu erteilen, mit dieser Sorge zusammen, dass damit der Zwang zum Gelingen verstärkt und so erst recht die Resignation gefördert wird, die Mutlosigkeit ohne Hoffnung, die schiere Verzweiflung. Alter ohne Resignation ist keine Leistung, sondern eine Gnade, ein Geschenk. Ein ahnungsvolles Wissen darum, dass wir eines Tages die kleine Kerze lächelnd ausblasen dürfen, weil die Sonne scheint und blühende Gärten vor uns liegen und im Hause Gottes, das auch unser Haus sein soll, der Tisch gedeckt ist – ganz gewiss am Ende des Lebens, aber auch mitten in der Zeit, heute und morgen.

Hilde Domin ist mit ihrem lange vor ihr verstorbenen Mann in Heidelberg begraben. Für ihren gemeinsamen Grabstein hat sie den Satz gewählt: „Wir setzten den Fuß in die Luft, und sie trug." Die Dichterin lässt dabei offen, was uns letztlich trägt. Die Gnade bleibt für sie ein Geheimnis, ein Wunder. Deshalb sagt sie: „Nicht müde werden/ sondern dem Wunder/ leise/ wie einem Vogel/ die Hand hinhalten." Und weil sie ein so gebrochenes, verwundetes Verhältnis zu dieser Hoffnung hatte, liebte sie die in einem Trödelladen gefundene hölzerne Taube mit den gebrochenen Flügeln und bestimmte, dass man sie ihr mit ins Grab legte. Im Gedicht schreibt sie:

Taube,
wenn mein Haus verbrennt
wenn ich wieder verstoßen werde
wenn ich alles verliere
dich nehme ich mit,
Taube aus wurmstichigem Holz,
wegen des sanften Schwungs deines einzigen
ungebrochenen
Flügels.

Holztaube

Ich möchte dem Bild von der Taube ein anderes Bild hinzufügen. Es stammt aus einem Fotokalender von Frauen im Rems-Murr-Kreis.

Ein Wintergelände. Der Boden liegt brach, nur einige widerborstige Gräser und niedriges Gestrüpp gibt es noch und Bäume ohne Blätter, vom Wind zerzaust. Im Hintergrund Wolken, ein milchig-grauer Himmel. Im Frühling und im Sommer sitzt es sich gut auf der Bank, die Bäume geben Schatten, die Farben leuchten und der Blick geht weit ins Land. Aber im Winter ist es anders – die Frau hat sich warm angezogen – halbhohe Stiefel, eine dreiviertellange Jacke über dem Rock, ein Schal um den Hals.

Ich weiß nicht, ob sie alt ist oder jung – aber unwillkürlich muss ich bei ihrem Anblick an Bert Brecht denken mit seiner schönen Geschichte von der „unwürdigen Greisin". Aber vielleicht verrät der zipfelnde, geschlitzte Rock auf dem Foto doch eher eine jüngere Frau.

Sie steht da, als wollte sie abheben, fliegen – die Arme ausgebreitet, ein Fuß in der Luft. Noch gibt ihr die Bank einen festen Halt, auch wenn sie da oben auf der schmalen Lehne selber die Balance halten muss.

Dorothea Margenfeld

Mich fasziniert die Frau, die es wagt, sich auf die schmale Lehne zu stellen und die sich so auf ihre Weise auflehnt gegen das bloß Dasitzen und Nichtstun und gegen den krummen Rücken.

Mit ausgebreiteten Armen steht sie da – das ist wichtig, wenn man die Balance halten will. Ein fester Standpunkt allein tut's noch nicht. Man muss in Fühlung bleiben mit dem weiten Raum, wenn man da oben stehen will. Und bewegen muss man sich, um die Balance, das innere und äußere Gleichgewicht zu halten.

Ob in der Frau das Kind erwacht ist, das spielen und neugierig ausprobieren will, was es alles kann. Ob sie probieren will, was noch geht. Oder vielleicht hat sie so etwas noch nie probiert, aber jetzt will sie ihn wagen, den Balanceakt auf der Bank.

„Vertraue dem Weg" heißt der Bildtitel im Kalender. Bloß – da ist überhaupt kein Weg. Die Hände greifen in den leeren Raum, der linke Fuß hängt in der Luft. Lang wird sie so nicht stehen können, die unbekannte Frau. Trotzdem: sie hat es geschafft. Sie hat sich nicht um die Leute gekümmert, die vielleicht vorbeikommen und sich wundern könnten. Sie hat sich ein Herz gefasst und ist auf die Lehne gestiegen, hat ein, zwei Schritte gemacht und dann innegehalten. Sie spürt die Anstrengung und auch die Kraft, die für dieses Experiment einer neuen Freiheit nötig sind. Sie wird bald wieder auf den Boden kommen, aber dann wird sie eine andere sein. Dann ist das neugierige, probierende Kind in ihr wieder erwacht. Es wird innerlich etwas neu, wenn man einen Fuß in die Luft setzt und dem Weg vertraut. Ich stelle mir vor, dass sie glücklich war in diesem Augenblick. „Stolz wie ein König", würde man bei einem Kind vielleicht sagen. Solche Augenblicke sind keine Leistung, sie sind eine Gnade, ein Geschenk.

Ich bleibe weiter bei Bildern und Gedichten, die mich angesprochen haben und vielleicht – so hoffe ich – auch Sie ansprechen könnten. Uns prägen ja nicht nur unsere eigenen Geschichten, sondern uns prägen auch die Geschichten von Menschen, die längst vor uns gelebt haben. Und sogar von Menschen, die womöglich gar nie gelebt haben, aber ihre Geschichten – Mythen und Legenden – sind lebendig und begleiten unsern Weg, schenken Hoffnung und Lebensmut.

Ich möchte mit Ihnen noch vier Bilder von Walter Habdank betrachten und Sie damit an altbekannte Geschichten erinnern. Dazu stelle ich als neuen Text jeweils ein Gedicht. Die Bilder zeigen nur Männer, dafür sind die Gedichte von Frauen geschrieben.

92 "Noah, Neufassung", 1979, farbig, 1. Mose 8,1-14   (c) Galerie Habdank

Noah

Da ist Noah, der seinen Kopf durch das schmale Fenster der Arche streckt, um die Taube mit dem Ölzweig zu empfangen.

„Er muss verrückt sein", haben die Leute gesagt, als Noah eines Tages anfing, sich eine Arche zu bauen. Sie glaubten nicht an Untergang und Verderben, sie rechneten nicht mit dem Tod, mit einer drohenden Katastrophe. Sie verdrängten ihre Angst, sie machten sich weiter keine Gedanken, hatten vielleicht auch schon längst resigniert.

Noah aber, der alte Noah, baute die Arche und vertraute ihr sein Leben an. Oder besser: er vertraute Gott sein Leben an. Dann kam der Regen, die große Flut und bald hatte er keinen festen Grund mehr unter den Füßen außer dem schwankenden Boden der Arche. Es regnete, als wollte es nie mehr aufhören. Er war umgeben von lauter Tod und Sterben. Es fehlte nicht viel, dass er sich selber und seine Familie und die ganze Menschheit, die ganze Schöpfung aufgab. In seinem

Dorothea Margenfeld

verwitterten Gesicht kann man die Spuren seiner Angst noch lesen, aber zugleich auch ein beinahe kindliches Vertrauen und eine zärtliche Liebe zum Leben. Dann endlich bringt die Taube das Zeichen, dass es von Gott her noch eine Zukunft gibt. Schalom, Glück und Heil und das Wunder der Gnade, trotz Zerstörung, Schuld und Tod. Zu diesem Bild noch einmal ein Gedicht von Hilde Domin:

BITTE

Wir werden eingetaucht
und mit dem Wasser der Sintflut gewaschen
wir werden durchnässt
bis auf die Herzhaut

Der Wunsch nach der Landschaft
diesseits der Tränengrenze
taugt nicht
der Wunsch, den Blütenfrühling zu halten
der Wunsch, verschont zu bleiben
taugt nicht

Es taugt die Bitte,
dass bei Sonnenaufgang die Taube
den Zweig vom Ölbaum bringe
dass die Frucht so bunt wie die Blüte sei
dass noch die Blätter der Rose am Boden
eine leuchtende Krone bilden

Und dass wir aus der Flut
dass wir aus der Löwengrube
und dem feurigen Ofen
immer versehrter und immer heiler
stets von neuem
zu uns selbst
entlassen werden

Auch Abraham ist einer, der verrückt genug war, noch im hohen Alter Heimat und Freunde und Verwandtschaft zu verlassen, alle bisherigen Sicherheiten aufzugeben und sich auf einen ungewissen Weg zu machen. Walter Habdank hat seinem Holzschnitt den Titel „Seher" gegeben, aber nicht von ungefähr kommt einem beim Betrachten Abraham in den Sinn. Im Hintergrund eine Stadt und Berge, Zeichen der Heimat, der Geborgenheit. Der kniende Mann aber wirkt unbehaust und allein unterm weiten Sternenhimmel. Auch niedergedrückt wie von einer schweren Last. Seine Finger greifen wie Wurzeln nach der Erde, um einen Halt zu finden. Sein dem Licht zugewandtes Gesicht wartet auf ein Zeichen, auf etwas, das Mut und Hoffnung gibt. So sieht man manchmal Sterbende mit den Händen nach etwas suchen und greifen und bekommt eine Ahnung davon, dass sie so etwas wie ein helles Licht sehen am Ende eines dunklen Tunnels. Der Seher ist noch mitten im Leben. Aber er übt schon beides, das Loslassen und das Festhalten. Mit diesen großen Händen, die letztlich nichts erzwingen, nichts machen können. Einer der niederkniet und wartet und der sich wieder aufrichtet und geht.

Dorothee Sölle hat ein schönes Gedicht geschrieben, in dem es heißt:

Du hast mich geträumt Gott,
wie ich den aufrechten Gang übe
und niederknien lerne.
Hör nicht auf mich zu träumen, Gott.
Ich will nicht aufhören mich zu erinnern,
dass ich dein Baum bin,
gepflanzt an den Wasserbächen
des Lebens.

Seher

Dorothea Margenfeld

Mose betend

Und da ist Mose, der nach der Tradition das Volk Israel aus der Sklaverei in Ägypten befreite und es vierzig lange Jahre durch die Wüste führte. Ein schier endloser Weg, dessen Ziel und Ende Mose selber nicht mehr erlebte! Er starb auf dem Berg Morija, nachdem er das verheißene Land von ferne wenigstens gesehen hatte.

Der starke Mose, hier erscheint er als ein schwacher alter Mann. In sich zusammengesunken, erschöpft und ohne Kraft. Der große alte Mann muss sich helfen lassen auf seinem Weg, nicht nur in den äußeren Dingen, sondern auch da, wo es um das Innerste und Intimste geht, um seinen Mut und seine Hoffnung, um seinen Glauben, um das Gebet.
Weil er selber nicht mehr genug Kraft hat, seine Arme zu Gott zu erheben, stehen die Freunde ihm bei. Wohl dem, der jemanden rufen kann, wenn er Hilfe braucht. Wohl denen, die sich helfen lassen,

wenn sie der Resignation und der Depression zu verfallen drohen –
denn auch das ist nicht leicht: sich von andern helfen, sich von ihnen
ermutigen und trösten zu lassen.

Dazu noch einmal ein Gedicht von Dorothee Sölle, ein sehr zartes Gedicht, das davon redet, wie notwendig auch im Älterwerden Berührung ist und wie viel eine zärtliche Hand vermag.

EINE FRAU AUS DEM VOLK DER DENE

Und als ich mich müde auf die steinbank hockte
und die leute redeten auf mich ein
und ich diskutierte noch immer
legte jemand die hand auf meine schulter
in der dämmerung glänzte neben mir blauschwarzes haar

Ich dachte die junge frau mit dem blassen gesicht
braucht es vielleicht jemanden zu berühren
ich dachte sie will mir etwas sagen
ich dachte gleich kommt der bus
aber die hand blieb auf mir ohne druck und doch fest
in der dämmerung glänzte neben mir blauschwarzes haar

Und da war nichts was ich zur kenntnis nehmen sollte
und keine bewegung in der warmen hand auf meinem rücken
und die indianische frau tausend jahre älter als ich lächelte
wir gingen ein stück und setzten uns wieder
und die stelle meines rückens die sie berührt hatte war kalt
und brauchte es sehr angefasst zu werden von der stummen frau
aus dem volk der dene meine schwester mit blauschwarzem haar

Und da ist schließlich noch der alte Simeon, der ein Leben lang auf
den Messias hoffte, „verrückt nach Licht“ auch er; ein alter Mann, der
nicht sterben konnte, ehe seine Hoffnung sich erfüllt hatte. Jetzt hat
er das Kind im Arm und sagt: „Herr, nun lässest du deinen Diener in Frieden fahren, wie du gesagt hast: denn meine Augen haben deinen Heiland gesehen, ein Licht, zu erleuchten die Völker.“

Dorothea Margenfeld

Simeon

Wir wissen wenig, fast nichts von Simeon, nur dass er ein Leben lang nicht aufhörte zu warten und zu hoffen. Das gibt es, dass einer nicht sterben kann, bevor er das gelobte Land oder den Messias gesehen hat, oder ein ersehntes Enkelkind oder den endlich heimkehrenden verlorenen Sohn. Das von Erfahrung und Alter zerfurchte Gesicht lächelt, jetzt ist alles gut, jetzt kann er endlich im Frieden sterben.

Noah, Abraham, Mose, Simeon – alles Männer der Vorzeit, weit weg einerseits. Aber ihre Geschichte ist lebendig und nah, und wir wissen von ihnen fast mehr als von unsern Nachbarn nebenan.

Die Toten scheiden aus unserm Leben, so viele Abschiede, wohin wir sehen. Wir müssen sie gehen lassen, die Toten, aber sie verlassen uns nicht, sie bleiben mit uns im Gespräch, die „unverlierbaren Toten", wie Hilde Domin sagt.

Noch einmal Dorothee Sölle:

AUF EINER FRIEDENSVERSAMMLUNG

Wir sind nicht nur zehntausend
sagte ich wir sind mehr
die toten der beiden kriege
sind bei uns

Ein Journalist kam fragen
woher ich das wissen wolle
hast du sie nicht gesehen
frag ich den ahnungslosen
hast du deine großmutter

Es taugt die Bitte, dass die Frucht so bunt sei wie die Blüte   43

nicht jammern hören
als sie wieder anfingen
wohnst du denn ganz allein
ohne dass tote mal vorbeischaun
einen zu trinken mit dir
bildest du dir wirklich ein
du wärst nur du

Ich will mit dieser Frage einfach schließen und auch am Schluss keine Ratschläge erteilen. Mit dieser Frage, diesem Impuls „bildest du dir wirklich ein, du wärst nur du" – du wärst allein mit dir und deiner Angst, mit deiner Resignation, was die Welt angeht und die Geschichte, allein mit dieser Gegenwart und mit der Zukunft, die du vor dir siehst oder auch nicht siehst, mit diesen ganzen Bedrohungen, diesen Krisen und Katastrophen überall, mit dieser Auswegslosigkeit? Bildest du dir wirklich ein, du wärst nur du? Und da wären nicht die Toten und die Lebenden, da wäre nicht Gott?

Ich lasse es bei dieser Frage bewenden – damit Sie sie selber tief innen hören und daraus Lebensmut und Lebenshoffnung gewinnen gegen Ihre eigene Resignation: „Bildest du dir wirklich ein, du wärst nur du!"

Dorothea Margenfeld

Sinn kann gefunden und erlebt werden

Von den Chancen und Grenzen des Alters

Ulrich Oechsle

Altwerden ist für die meisten Menschen ein angstbesetztes Thema. Nicht wenige Menschen rechnen mit ihrem körperlichen und geistigen Verfall, fragen sich, wie sie im Alter leben werden und wer für sie sorgen wird. Andererseits werden immer mehr Menschen immer älter als früher – und werden dabei auf andere Weise alt. Sie nutzen die gewonnen Jahre und finden für diese Lebensphase einen ganz eigenen Sinn. Eine sinnvolle Lebensführung im Alter gelingt jedoch keinem Menschen durch Zufall. Jeder Mensch muss, solange er lebt, immer wieder lernen, wie er leben soll.

Stellen Sie sich vor, Sie sind 65 Jahre alt. Sie sind fit. Sie hatten gestern Ihren letzten Arbeitstag, verbunden mit einem schönen, gelungenen Abschiedsfest. Am anderen Morgen wachen Sie auf mit einem Gefühl von Freiheit und mit dem Gedanken: Nie wieder muss ich an diesen Arbeitsplatz zurückkehren. Ich habe es geschafft. Ihnen fällt ein Stein vom Herzen. Kein Leistungsdruck mehr, kein Konkurrenzdenken mehr, nicht mehr gegängelt werden, nicht mehr funktionieren müssen. Sie spüren noch einmal, wie viel Zeit und Energie an Ihren Beruf gebunden war und dass Sie jetzt von dem, was Ihnen in ihrem langen Berufsleben wichtig sein musste, frei und entbunden sind. Sie haben jetzt Zeit. Sie können Ihr Leben mehr als bisher gestalten und bestimmen. Das sind positive Bedingungen für ein gutes Leben im Alter. Aber reichen diese positiven Bedingungen aus, um Lebenslust im Alter zu wecken?

Worauf gründen Lebenslust, Glück und Lebensfreude?

„Was der Mensch wirklich will, ist letzten Endes nicht das Glücklich-sein an sich, sondern einen Grund zum Glücklichsein. Sobald ein Grund zum Glücklichsein gegeben ist, stellt sich das Glück, stellt sich die Lust ganz von selber ein" (Viktor Frankl).

Beispiel: Der Extremsportler Hubert Schwarz wanderte mit einer Seniorengruppe hoch hinaus: Eine Gruppe von 18 Senioren im Alter zwischen 60 und 70 Jahren haben den Kilimandscharo bestiegen. „Kili 60plus-Tours" hieß die Expedition auf den mit 5895 m höchsten Berg Afrikas. Hubert Schwarz wollte zeigen, dass Spitzenleistungen auch im fortgeschrittenen Alter noch möglich sind. Vom Marathon-läufer bis zu völlig untrainierten berg-unerfahrenen Senioren war alles dabei. Erschöpft, aber glücklich meisterten alle Teilnehmer den Aufstieg. Die letzte Etappe – äußerte ein Teilnehmer – war sehr be-schwerlich, aber dieses Gipfelerlebnis ist kaum zu beschreiben: „Ich habe mich völlig frei gefühlt und hatte ein Glücksgefühl, wie noch nie in meinem Leben."

Das, wovon der Mensch zutiefst und letztlich durchdrungen ist, ist der Wille zum Sinn. „Der Wille zum Sinn ist das in jedem Menschen innewohnende Streben nach Sinn. Aufgrund des Willens zum Sinn ist der Mensch darauf aus, in jeder einzelnen Lebenssituation einen Sinn zu finden, hinzugehen und ihn zu erfüllen. Aber auch dem Mitmen-schen in Form eines Du zu begegnen und dieses Du zu lieben. Beides, Erfüllung und Begegnung, gibt dem Menschen einen Grund zum Glücklichsein und zur Lust" und damit auch zur Lebenslust im Alter. Wenn ein Mensch aus dem Berufsleben ausscheidet, kommt es nicht nur auf gute Lebensbedingungen an. Entscheidend ist, ob er weiß, wofür er jetzt da sein will. Ob er die Sinnmöglichkeiten entdeckt, die in seiner persönlichen Lebenssituation vorfindlich sind. Denn nichts ist dem Menschen so unerträglich, wie ein Zustand ohne Aufgabe, ohne Ziele, ohne Sinnverwirklichung. Nicht wenigen Menschen fehlt ein Grund zum Glücklichsein und zur Lebenslust. Anstatt sich auf die Suche nach Gründen für Sinnerfüllung aufzumachen, streben sie direkt nach Glück und nach Lust. Sie realisieren nicht, dass Glück

Ulrich Oechsle

und Lust Nebenwirkungen von erfülltem Sinn und gelingender existenzieller Begegnung sind. So wird die Lust zum alleinigen Inhalt und Gegenstand ihrer Aufmerksamkeit. Je mehr sie sich aber um die Lust und um das Glück kümmern, verlieren sie den Grund zur Lust aus den Augen und die Wirkung „Lust" kann nicht mehr zustande kommen. „Je mehr es einem Menschen um die Lust geht, um so mehr vergeht sie ihm auch schon" (Frankl). Keine Ersatzhandlung, keine Ersatzbefriedigung, kein übermäßiger Konsum irgendwelcher (hochwertiger) Güter kann sinnvolle Gründe zum Leben ersetzen. Nichts steht einem sinnvollen Leben so entgegen, als die Sucht. Deshalb sagt Karl Jaspers nicht von ungefähr: „Was der Mensch ist, das ist er durch die Sache, die er zur seinen macht."

Wenn der ältere Mensch auf der Suche nach Sinn nicht fündig wird, dann beginnt er mit der Zeit, um sich selbst zu kreisen. Er kreist um das, was er in seinem Leben versäumt hat, wo er benachteiligt, übergangen und verletzt wurde, was er jetzt nicht mehr leben kann, was nicht mehr ist. Nicht selten macht er andere für seine gegenwärtige negative Situation, seine Unzufriedenheit und Einsamkeit im Leben verantwortlich. Je mehr er um seine Mängel kreist, umso frustrierter ist er. Umso mehr entsteht in ihm eine innere Leere, ein existentielles Vakuum. Dieses Vakuum entwickelt eine Kraft, die den frustrierten Menschen von sich selbst, von seinen Wertmöglichkeiten wegzieht, so, dass die Distanz zwischen ihm und seinem Leben, den Werten, die ihn sein Leben lebenswert erleben lassen würden, immer größer wird. „Je mehr er sich aber von lebenswertem Leben entfernt, umso mehr halten Ängste, Aggressionen, Sturheit, Starrheit, Depressionen, Lebensmüdigkeit, Sucht, psychosomatische Störungen, die ein lustvolles, glückendes und sinnvolles Leben verhindern, Einzug in seine leere Seele. Je mehr ein Mensch sich von diesen sinnverweigernden Gefühlen bestimmen lässt, umso mehr steht er sich selbst im Weg und stagniert die notwendige Wandlung und Weiterbildung seiner Persönlichkeit" (Uwe Böschemeyer).

Was ist Sinn überhaupt?

Sinn ist das,
- wozu mich meine persönliche Situation unmittelbar herausfordert,
- was mir jetzt von meinem Leben her aufgegeben ist,
- was mir in dieser Lebensphase als wesentlich und wichtig erscheint,
- was mich betrifft und betroffen macht,
- was mich anspricht und beglückt,
- wofür ich unter bestimmten Umständen auch ein Leiden auf mich nehme,
- was mir die Tatkraft zukommen lässt, es zu verwirklichen,
- womit ich vermutlich etwas Gutes und Sinnvolles bewirke,
- was mein Leben und das Leben anderer belebt und was frei ist von Egoismus,
- was mein Herz auswärmt und mit Hoffnung erfüllt,
- wovon ich leben kann.

„Der Sinn ist nämlich jeweils etwas Einmaliges und Einzigartiges, jeweils erst zu Entdeckendes. Der Sinn ist nämlich so einmalig und einzigartig, wie die Situationen, mit denen uns das Leben konfrontiert und dazu kommt noch, dass wir selbst, die Konfrontierten, ebenso einmalige und einzigartige Wesen sind" (Fankl).

Das Leben stellt jedem – auch dem älteren Menschen – andere, einmalige spezifische Aufgaben und beinhaltet Werte und Sinnmöglichkeiten, die darauf warten, von ihm verwirklicht zu werden. Jeder ist für etwas gut. Niemand ist überflüssig auf dieser Welt, auch wenn das manche ältere Menschen von sich denken.

Niemand ist von einem sinnvollen Leben ausgeschlossen. Jeder ist zu etwas aufgerufen, jedem ist noch etwas aufgegeben. Dieses Etwas kann ihm aber nicht vorgegeben oder vorgeschrieben werden. Es liegt in der Verantwortung eines jeden Menschen mit Hilfe seines Gewissens, mit der Weisheit seines Herzens an jedem neuen Tag, in jeder einzelnen Situation, herauszufinden, was dieses Etwas ist. Und wenn er es gefunden hat, kommt es darauf an, das erkannte Etwas in die Tat oder in eine sinnvolle Einstellung einmünden zu lassen und zu verwirklichen.

Ulrich Oechsle

Folgende Fragen können zu dieser Sinnerhellung beitragen: Wer bin ich? Will ich derjenige sein, der ich heute bin? Bin ich der, der ich sein könnte? Wer möchte ich am Ende meines Lebens geworden sein? Lebe ich gegenwärtig so, dass ich mich dieser Gestalt annähere? Mag ich mich? Kann ich zu mir stehen und mich selbst bejahen? Lebe ich das Beste aus mir heraus? Was war bisher meine Hauptsache im Leben? Was will ich oder sollte ich jetzt zu meiner Hauptsache machen? Was ist mein Anteil an meiner gegenwärtigen Situation? Was gestehe ich mir ungern ein? Wodurch stehe ich mir selbst im Weg? Wovor weiche ich immer wieder aus? Was schiebe ich schon lange vor mir her? Was sollte ich jetzt unbedingt klären? Was wäre, wenn ich die schwelenden Konflikte mit meinen Mitmenschen beenden und mich mit ihnen versöhnen würde?, wenn ich weniger als bisher auf meinem Recht beharren würde? Wo mache ich immer noch andere Menschen oder Gott für meine gegenwärtige (Krisen)Situation verantwortlich? Welchen Einfluss hätte das auf mein Leben, wenn ich in der mir verbleibenden Zeit mehr aus dem „Sein" heraus leben würde und weniger aus dem Leistungsgedanken? Was wäre, wenn ich das, was ich unbedingt haben will, aber jetzt nicht mehr haben kann, was ich verloren habe, was mir misslungen ist, was mir versagt geblieben ist, langsam aber sicher, wenn auch mit Schmerzen verbunden, loslassen und meinen Blick auf das noch Mögliche ausrichten würde? Welche Werte sollte ich jetzt in meiner gegenwärtigen Lebenssituation leben bzw. verwirklichen?

Werte, die Leben gelingen lassen, sind Orientierungsleitlinien zum Sinn. Wenn es einem älteren Menschen gelingt, Werte zu leben, die Sinn schaffen, etwa Liebe, Geduld, Vertrauen, Weisheit, Freiheit und Verantwortung, Humor, Mut zum Leben, das Religiöse, Wahrhaftigkeit, Hoffnung, Heiterkeit, Tapferkeit, erlebt er sein Leben als wertvoll. Diesem wertvollen Erleben entspringt ein positives Lebens- und Selbstwertgefühl und Selbstvertrauen. Er ist auch in der Lage, wenn es darauf ankommt, schwierige Lebenssituationen sinnvoll zu meistern.

Was geschieht, wenn wir mit Grenzen konfrontiert werden?

„Das Alter ist kein Zustand, sondern eine Entwicklungsphase, ein Prozess. Der Mensch ist nicht allein alt. Er wird alt und älter. Die Prozesshaftigkeit des Alters schließt den Sachverhalt mit ein, dass es sich um eine Zeitspanne handelt, die in sich strukturiert ist. Eine Zeitspanne, die Gelegenheit gewährt, sich mit ihr anzufreunden, aber auch: sich mit ihr zu verfeinden. Noch einmal in seiner Menschlichkeit zu wachsen, aber auch: an menschlicher Substanz zu verlieren. Das ist die Realität" (Wolfram Kurz).

Irgendwann werden wir alle damit konfrontiert. Wir kennen es alle: Plötzlich ist da etwas am oder im Körper, was anders geworden ist, etwas, das sich verändert hat. Diese Etwas ist eines Tages nicht mehr so ohne weiteres weg zu schieben. Der Körper lügt nicht und sagt es unmissverständlich: „Ich werde älter." Diese Erfahrung verunsichert viele betroffene ältere Menschen und macht Angst. Und diese Angst greift immer mehr um sich und wird für viele zum bestimmenden Lebensgefühl. Da ist die Angst, nicht wirklich erfüllt genug gelebt zu haben, am eigentlichen Leben vorbei gelebt zu haben; die Traurigkeit darüber, vieles versäumt oder falsch gemacht zu haben, das nicht mehr zu ändern ist. Dazu kommt die Angst vor der letzten Lebensphase. Die Angst vor dem Leiden und Sterben und noch mehr vor der möglichen Abhängigkeit und Hilflosigkeit. Wie soll ich damit zurechtkommen?

Deshalb ist der ältere Mensch herausgefordert sich zu fragen: Was muss ich lernen, wenn ich wahrnehme, dass mein auf Leistung ausgerichtetes Leben nicht mehr möglich ist, wenn Verlustereignisse sich mehren und Defizite unübersehbar werden? Habe ich die Fähigkeit entwickelt, die Gegenwart – trotz allem - zu ergreifen, auf Zukunft zu hoffen, die Lust am Leben nicht zu verlieren, dieses mir noch verbleibende Leben so gut wie möglich zu gestalten oder dort, wo ich nichts mehr gestalten oder ändern kann, eine sinnvolle Einstellung dazu zu finden?

Ulrich Oechsle

Gibt es einen Sinn im Leben jenseits von allen Zwecken?

Um überhaupt unter erschwerten Bedingungen nach dem vorhandenen, aber zugleich noch verborgenen Sinn suchen zu können, bedarf es nach Viktor Frankl, dem Begründer der Logotherapie und Existenzanalyse, einer sinnzentrierten Psychotherapie, einer Wendung in der ganzen Fragestellung nach dem Sinn im Leben. Damit meint er Folgendes: „Wir müssen lernen und die (älteren) verzweifelten Menschen lehren, dass es eigentlich nie und nimmer darauf ankommt, was wir vom Leben noch zu erwarten haben, vielmehr lediglich darauf: was das Leben von uns erwartet. Leben hat nicht nur Wunschcharakter, sondern auch Aufgabencharakter. Das Leben selbst ist es, das dem Menschen Fragen stellt. Er hat nicht zu fragen, er ist vielmehr der vom Leben Befragte, der dem Leben zu antworten hat und der das Leben auch zu verantworten hat. Die Frage kann nicht mehr lauten, was habe ich vom Leben noch zu erwarten, sondern was erwartet in dieser Situation das Leben von mir? Welche Aufgabe im Leben wartet auf mich? Nicht wir dürfen nach dem Sinn des Lebens fragen – das Leben ist es, das Fragen an uns richtet und wir sind die Befragten."

Jeder Mensch ist herausgefordert auf die Fragen, die ihm sein Leben, seine Lebenssituation stellt, sinnvolle Antworten zu finden. Wozu bist du jetzt da? Wie gehst Du mit dieser Situation um? Was soll daraus werden? Es geht dabei nicht um irgendeine, sondern um die sinnvollste Antwort und zwar unter der Berücksichtigung der Einzigartigkeit meiner Person und der Einmaligkeit meiner Situation. Es geht um eine konkrete Antwort auf eine konkrete Lebensfrage, die ich in der Tat beantworte oder wenn ich nichts mehr tun kann: indem ich etwas ertrage und auf mich nehme. Diese Entscheidung treffe ich persönlich und verantworte sie auch.

Kann aber der ältere Mensch sein Leben selbst verantworten, wenn Verlustereignisse sich mehren und Defizite unübersehbar werden, Fragen sich aufdrängen, auf die er (noch) keine Antwort gefunden hat? Viktor Frankl beantwortet diese Frage mit einem Ja: „Das menschliche Dasein lässt sich bis zum letzten Atemzug sinnvoll gestalten – solange der Mensch atmet, solange er überhaupt noch bei Bewusstsein ist, trägt er die Verantwortung für die jeweilige Beantwortung der Lebens-Fragen."

Um seine Aussagen besser verstehen können, möchte ich Ihnen über Frankls Biographie einen kleinen Überblick geben.

Viktor Frankl wurde 1905 in Wien als Sohn jüdischer Eltern geboren. Schon in jungen Jahren entschließt sich Frankl Arzt zu werden. Seine Gedanken kreisen unentwegt um Leben, Seele, Geist und Sinn. Nachdem sich Frankl immer mehr von der orthodoxen Lehrmeinung Freuds und Adlers entfernt, wird er aus dem Wiener Verein für Individualpsychologie ausgeschlossen. Danach geht Frankl seinen eigenen Weg. 1937 schafft sich Viktor Frankl eine Privatpraxis als Facharzt für Psychiatrie und Neurologie. Wenige Monate später kam der Einmarsch der deutschen Truppen. Unbeschreiblich sind die Leiden der Juden. Frankl wartet lange auf ein Visum aus den USA. Als es endlich kommt, entscheidet sich Frankl seine alten Eltern nicht allein dem Schicksal der Deportation zu überlassen und bleibt bei ihnen.

Die Verhältnisse spitzten sich dramatisch zu. Die Deportation seiner Eltern, seiner jungen Frau Tilly und damit auch die seine ist unvermeidlich geworden. Kurz vor seiner Deportation schreibt er die erste Fassung seines Buches „Ärztliche Seelsorge", in dem er die wichtigsten Gedanken seiner Lehre, die ihn jahrelang bewegt hatten, niedergelegt hat.

Als es dann soweit war, und er nach Auschwitz gebracht wird, ist das Manuskript in sein Mantelfutter eingenäht. Aber als Häftling muss er alles abgeben, auch diesen Mantel mit dem Manuskript. In Auschwitz blickt er auf der berüchtigten Rampe, wo die Selektionen stattfinden, dem SS-Arzt Dr. Joseph Mengele in die Augen – und er wird von ihm nach rechts geschickt. Nach links geht es direkt in die Gaskammern. Im Herbst 1944 bringt ein Güterzug Frankl mit 2000 Lagerinsassen in ein Außenlager von Dachau, nach Türkheim. Hunger und Flecktyphus haben ihn gekennzeichnet. Und doch harrt er bis zu seiner Befreiung in einer Fleckfieberbaracke aus. Als Viktor Frankl aus dem Konzentrationslager nach München kommt, erfährt er von einem Freund, dass seine Frau und die ganze Familie in unterschiedlichen

Ulrich Oechsle

Konzentrationslagern umgekommen war. Darauf hin geht Viktor Frankl an eine bestimmte Stelle der Isar und will sich hineinstürzen. Doch bevor er es tut, so Frankl, kommt ein starker Sinnanruf von innen: „Was hätte dein Überleben für einen Sinn gehabt, wenn du jetzt deinem Leben ein Ende setzten würdest." Danach fährt er zurück nach Wien, in die Stadt, in der ihm so viel angetan worden war und beginnt ein neues Leben. Er kehrt zurück mit dem Gefühl, „nach all dem Erlittenen nichts mehr fürchten zu müssen außer meinen Gott", wie er es in seinem Buch „...trotzdem Ja zum Leben sagen" als Schlusswort formuliert.

So hat Viktor Frankl seine Lehre – dass das Leben auch unter allen diesen Umständen seinen Sinn nicht verliert – unter den grauenhaften Bedingungen des Lagers gelebt, weil er überleben wollte. Aber überleben kann nur, wer um einen Sinn weiß, den er in der Zukunft zu verwirklichen oder zu erfüllen hat.

Dieses Beispiel von Viktor Frankl zeigt, dass die Verantwortung für das eigene Leben auch in einer schwierigen Situation die Möglichkeit, sich frei verhalten zu können, mit einschließt. Frei verhält sich der Mensch, indem er über seine Problematik hinauswächst und sich von den damit verbundenen negativen Gefühlen distanziert und dazu Stellung bezieht. Von diesen Möglichkeiten ist auch der alte Mensch nicht ausgeschlossen.

Beispiel: Ich denke an eine ältere Ärztin, die unter anderem an einer Depression leidet. Folgendes erzählte sie aus ihrem Leben:
Ich habe mit Leidenschaft meinen Beruf als Ärztin ausgeübt. Meine Patienten habe ich nicht nur medizinisch versorgt. Auch bei persönlichen Problemen bin ich ihnen mit Rat und Tat zur Seite gestanden. Wenn ich spazieren gehe, kommt es immer wieder vor, dass mir ehemalige Patienten begegnen, mich freundlich grüßen und sich für die erfahrene Hilfe nochmals bedanken. Umgekehrt war es die Arbeit mit meinen Patienten, die mir geholfen hat, immer wieder über meine latent aufflackernde Depression hinwegzukommen. Nun bin ich seit längerer Zeit sehr einsam. Meine Geschwister, meine Freunde sind alle schon gestorben. Meine Kinder haben kaum Zeit für mich. Mir fällt es schwer, überhaupt einen ganz normalen Tag zu bewältigen. Selbst die Natur, die Literatur und die

Musik, die ich sonst über alles liebe, berühren mich nicht mehr. In mir ist alles wie taub. Manchmal habe ich den Eindruck, Gott hat mich vergessen. Manchmal denke ich darüber nach, ob ich mir das Leben nehmen soll. Nach diesem letzten Satz schweigen wir beide.

Nach einer Weile frage ich die Ärztin: Sie haben mir davon erzählt, dass Sie ihren Patienten in sehr schwierigen Lebenssituationen geholfen, Beistand geleistet und sie zum Leben ermutigt haben und dass Ihre Patienten ihnen dafür sehr dankbar sind. Haben Sie schon einmal darüber nachgedacht, was ihre Patienten wohl darüber denken und sagen werden, wenn sie erfahren, dass sie sich das Leben genommen haben?

Meine Gesprächpartnerin, die mir gegenüber sitzt, richtet sich spontan weit auf, wird lebendig und sagt mit ganzem Ernst: Das kann ich nicht machen, das kann ich meinen Patienten nicht antun. Ich habe viele Patienten in schwierigen Situationen ermutigt und geholfen. Wenn ich jetzt meinem Leben ein Ende setzten würde, wären meine Patienten von mir tief enttäuscht und irgendwie würde ich dadurch alle geleistete Hilfe entwerten.

Nach dieser Einsicht war in ihrem Gesicht eine deutliche Entspannung und ein Lächeln zu erkennen. Obwohl sich durch diese Einsicht an ihrer äußeren Situation nichts geändert hatte, war sie innerlich wie verwandelt. Dieses Leiden am sinnlosen Leben, dieses Sinnlosigkeitsgefühl, an dem sie so sehr litt, hatte sich zurückgezogen, weil sie einen sinnvollen Grund gefunden hatte, ihr Leiden nicht bloß zu erleiden, sondern für ihre Patienten auf sich zu nehmen. Durch diese Haltung hat das Sinngefühl wieder Eingang in ihr Leben gefunden und die Suizidgedanken haben sich wieder zurückgezogen. Sie stand auf und ging ganz anders als sie gekommen war.

„Nur wer ein Warum zu leben hat, erträgt fast jedes Wie" (Friedrich Nietzsche). Das Lächeln im Gesicht der Ärztin zeigt, dass es Glück und Lebenslust nicht nur in der Dur-Tonart gibt, sondern auch in der Moll -Tonart.

„Nicht der Homo faber, der schöpferische Mensch, der eine Tat setzt oder ein Werk vollbringt, der im Beruf erfolgreich ist und etwas leistet – schöpferische Werte – auch nicht der Homo amans, der erlebnisfä-

Ulrich Oechsle

hige Mensch, der das Gute, das Wahre und Schöne in sich aufnimmt, Musik, Theater, Natur, Literatur – Erlebniswerte –, sondern der Homo patiens, der schicksalhaft leidende Mensch, gelangt nach Frankls Überzeugung am ehesten zu höchster Sinnerfüllung. Wodurch? Durch die Verwirklichung von Einstellungswerten, durch die Möglichkeit, zu seinem Schicksal Stellung beziehen zu können, wenn die Verwirklichung von schöpferischen Werten und Erlebniswerten stark eingeschränkt oder gar unmöglich geworden ist."

Wenn der leidende Mensch zu seinem Schicksal Stellung bezieht, kann es dazu kommen, dass „ich" – so Frankl – „das Tiefste aus mir herausbringe, indem ich nicht mehr diene und liebe, sondern leide und im Leiden Zeugenschaft ablege, was der Mensch sein kann – im Äußersten, in der Grenzsituation."

Beispiel: Nach dem Tod seiner Frau kam ein älterer Mann in meine Praxis und hat mir Folgendes erzählt.

Meine Frau und ich waren schockiert als uns der Arzt mitgeteilt hat, dass ihre Krebserkrankung fortschreiten würde und dass sie nicht mehr geheilt werden könne. Wir haben mehrere Wochen gekämpft und gelitten bis wir diese Nachricht einigermaßen unter den Füßen hatten. Nach diesem Kampf waren wir beide innerlich klarer. Wir haben ganz offen über alles gesprochen. Ich wollte, dass meine Frau nicht im Krankenhaus bleibt. Ich habe sie nach Hause geholt und etwas getan, was ich mir vorher nie hätte vorstellen können. Ich habe meine Frau gepflegt. Daran bin ich gewachsen. Wir waren beide nie besonders fromm oder kirchlich, aber eines Tages bat mich meine Frau aus der Bibel vorzulesen. Wir waren beide von den Worten zutiefst angesprochen, so dass ich ihr nun jeden Tag aus der Bibel vorlas. Das waren unsere schönsten Stunden. Wir waren in unserem gemeinsamen Leben gut zueinander, aber so nahe, wie in dieser Zeit, waren wir uns noch nie. Das Fernsehen, die Zeitung, Materielles wurde unwichtig. Kurze Zeit vor dem Tod meiner Frau haben wir mit der ganzen Familie, den Kindern und Enkelkindern und mit dem Pfarrer zu Hause das Abendmahl gefeiert. Ich hatte bis dahin den tieferen Sinn des Abendmahls nie richtig verstanden. Diese gemeinsame Abendmahlsfeier hat uns alle tief berührt. Wir fühlten uns – trotz allem – von Gott gehalten. Er hat uns durch diese Zeit hindurch getragen. Ich kann sogar sagen, dass dieses Erleben in der Abendmahlsfeier unser Leben und das Leben meiner Kinder nachhaltig zum Guten verändert hat. Materielles trat auch für sie in den Hintergrund. Miteinander leben, füreinander da sein, existenzielle Gespräche kamen hinzu. Darüber bin ich sehr froh. Das, was mir zu schaffen macht, sind die einsamen Stunden am Abend. Es ist ja nach dem Tod meiner Frau vieles weggefallen. Die Pflege, das Sorgen, die gemeinsamen Stunden beim Bibellesen und vieles mehr. Das tut mir weh.

Daraufhin habe ich diesem Mann eine Begebenheit von Viktor Frankl erzählt. Zu Frankl kam ein Arzt, der seine Frau verloren hatte. Mit dem Tod seiner Frau kam der Arzt nicht zurecht. Frankl fragte ihn: was wäre geschehen, wenn er selbst früher als seine Frau gestorben wäre? Nicht auszudenken!, antwortete der Arzt. Vermutlich wäre sie verzweifelt gewesen. Und Frankl sagte ihm darauf hin: Sehen Sie, dies ist ihrer Frau erspart geblieben und Sie haben es ihr erspart. Freilich um den Preis, dass Sie ihr jetzt nachtrauern müssen. In diesem Augenblick hat auch dieses Leiden einen Sinn bekommen. Auch an diesem Schicksal konnte nichts verändert werden, aber die Einstellung hat sich geändert. Auch mein Gesprächspartner hatte Viktor Frankl verstanden.

Im Blick auf dieses Beispiel gilt ein Wort von Romano Guardini: „Das Ende des Lebens ist selber noch Leben. In ihm verwirklichen sich Werte, die nur hier verwirklicht werden." Diese Werte kommen gerade dann zum Vorschein, wenn sie gebraucht werden.

Und Viktor Frankl meint dazu: „Das ist Selbstverwirklichung: Das, was ich Einstellungswerte genannt habe – das Sinnfinden im hoffnungslosen, aussichtslosen Leiden. Das ist Selbstverwirklichung ... denn da werde ich ganz ich selbst, da bringe ich das Beste aus mir heraus. Dann zeigt sich: Ich bin noch im Leiden ich selbst gewesen. Dann bin ich im Leiden noch ich selbst geworden. Denn im Leiden wird man erst man selbst und ganz man selbst. Das Schicksal, das ein Mensch erleidet, hat also erstens den Sinn gestaltet zu werden – wo möglich – und zweitens, getragen zu werden – wenn nötig. Allerdings kommt es darauf an, nicht zu früh einen Tatbestand als schicksalhaft anzuerkennen und sich so vor einem vermeintlichen Schicksal zu beu-

Ulrich Oechsle

gen. Erst wenn der Mensch keinerlei Möglichkeit mehr hat, schöpferische Werte und Erlebniswerte zu verwirklichen, erst dann können Einstellungswerte verwirklicht werden, erst dann hat es einen Sinn, sein Kreuz auf sich zu nehmen. Das Wesen des Einstellungswertes liegt darin, wie ein Mensch sich in das Unabänderliche fügt. Die Voraussetzung für die wahre Verwirklichung von Einstellungswerten liegt also darin, dass es sich um etwas Unabänderliches handelt."

Zur weiteren Suche nach Sinn wird der Mensch dadurch motiviert – und zwar trotz seines Leidens – dass er zu erkennen, zu erfühlen und zu begreifen beginnt, dass er mehr ist als sein Leiden: dass er ein Leiden hat, aber nicht sein Leiden ist.

Wenn sinnvolles Gestalten nicht gelingt

Immer wieder stehen wir im Leben, insbesondere im Alter, vor der Herausforderung, uns zu wandeln. Reifungsschritte drängen sich auf und warten darauf, von uns vollzogen zu werden. Nicht wenige Menschen weichen vor dieser Herausforderung aus. Sie neigen dazu, in ihrem Leben zu wiederholen, was ihnen vertraut ist. Das Verharren im Bekannten (Unglück) ist oft leichter, als das Risiko neuer Erfahrungen auf sich zu nehmen. Ein Großteil der Leiden, die Menschen durch ihr Leben hindurch belasten und sich im Alter verdichten, stammen aus der angestrengten Abwehr gegen die notwendige Wandlung des äußeren und inneren Menschen. Die eigentliche Not des älteren Menschen ist nicht sein Schicksal an sich, sondern die innere Abwehr, sein Schicksal zu gestalten.

Wenn es einem Menschen nicht gelingt seine letzte Lebensphase zu gestalten, wenn er in seinem Widerstand gegen das Unabänderliche verharrt. „Dann", so schreibt Romano Guardini, „entsteht der alte Mensch im schlimmen Sinn; genauer gesagt jener, der nicht alt werden will. Das zeigt sich oft darin, dass er sich an das vergehende Lebensstadium klammert; sich so darstellt, als wäre er noch jung – woraus sich ebenso verhängnisvolle wie klägliche Konsequenzen ergeben. Es gehört zu den fragwürdigsten Erscheinungen unserer Zeit, dass sie wertvolles Leben einfach mit Jungsein gleichsetzt." „Oder aber", fügt er hinzu, „er kapituliert vor dem Altwerden, gibt das Leben im Ganzen preis und klammert sich an das, was noch da ist. Daraus entstehen dann die Erscheinungen des Altersmaterialismus, für den die greifbaren Dinge alles werden: das Essen und Trinken, das Bankkonto, der bequeme Sessel. Der senile Eigensinn entwickelt sich; die Geltungssucht, das Tyrannisieren der Umgebung, welches die andern quält, um daraus das Gefühl zu ziehen, man sei noch etwas. Die Lebensbemühung ist nur noch darauf ausgerichtet, das noch Vorhandene zu halten und den Vorgang des Abnehmens zu verlangsamen. Gelingendes Leben im Alter besteht in der Annahme des Alterns. Nicht wenige Menschen nehmen ihr Alter nicht an, sondern erleiden es bloß. Der Grund der Abwehr, vorhandenes Leben sinnvoll zu gestalten, liegt letztlich in der Angst vor dem Ungewissen, was an Schwerem noch eintreten könnte."

Was trägt den alten Menschen, wenn er sich selbst nicht mehr tragen kann?

Der Religionsphilosoph Paul Tillich hat vor etwa 50 Jahren die Situation so beschrieben: „Das entscheidende Element der gegenwärtigen Situation des westlichen Menschen ist der Verlust der Dimension der Tiefe. Es bedeutet, dass der Mensch die Antwort auf die Frage nach dem Sinn des Lebens verloren hat, die Frage danach, woher er kommt, wohin er geht, was er tun und was er aus sich machen soll in der kurzen Spanne zwischen Geburt und Tod. Diese Fragen finden keine Antwort mehr, ja sie werden nicht einmal mehr gestellt, wenn die Dimension der Tiefe verloren gegangen ist. Und genau das hat sich in unserer Zeit ereignet."

Für Tillich ist die Dimension der Tiefe die „religiöse Dimension, denn religiös sein bedeutet, leidenschaftlich nach dem Sinn des Lebens zu fragen und für Antworten offen zu sein, auch wenn sie uns schwer erschüttern."

Viktor Frankl hat den Begriff vom „unbewussten Gott" geprägt und meint damit, dass die Beziehung zu Gott unbewusst sein kann, nämlich verdrängt und dem Menschen selbst verborgen. In seiner existenzanalytischen Traumdeutung, die sich primär auf den unbewussten Geist konzentrierte, begegnete Frankl immer wieder Patienten, die sich atheistisch oder nicht religiös nannten, und entdeckte selbst bei ihnen unbewusste Religiosität. Daraus zog er den Schluss, „dass Gott von uns unbewusst immer schon intendiert ist, dass wir, wenn auch eine unbewusste, doch eine intentionale Beziehung zu Gott immer schon haben".

„Selbstwerdung als Ziel der Persönlichkeitsentwicklung gelingt nur dann, wenn ein Mensch auch und vor allem seine religio, seine Rückverbindung zum Göttlichen existenziell erfahren hat. Denn sie ist die Basis, der innere Halt menschlichen Lebens." So sagt C. G. Jung: „Er (der Mensch) muss erfahren, was ihn trägt, wenn er sich selbst nicht mehr tragen kann. Einzig diese Erfahrung gibt ihm eine unzerstörbare Grundlage. Lebt er dagegen nicht den „höchsten Wert", das Göttliche in ihm, dann besetzen andere, weniger wertvolle Werte dessen Stelle, dann wird seine Seele verzerrt, dann reagiert sie unter Umständen neurotisch." Und Erich Fromm ergänzt, wenn es einem Menschen nicht geglückt sei, seine Energien in Richtung auf ein höheres „Selbst" zu entfalten, dann lenke er sie auf „niedere Ziele. ...", und „es ist wahr, der Mensch lebt nicht vom Brot allein. Er hat einzig die Wahl zwischen besseren und schlechteren, höheren oder niedrigeren, aufbauenden oder zerstörerischen Formen der Religion oder Weltanschauung".

Der gereifte und weise Mensch

Die Erarbeitung persönlicher Sinnhaftigkeit des eigenen Denkens, Fühlens und Handelns führt zu einem Gefühl der Sinnhaftigkeit des gesamten Lebens, einschließlich der Mühsale und Herausforderungen, die zum Leben gehören. Zugleich ist das Gefühl der Sinnhaftigkeit eine wesentliche persönliche Kraft, um den Lebensbelastungen und Lebensveränderungen im Alter gewachsen zu sein und an ihnen nicht zu erkranken und zu verzweifeln.

Ältere Menschen, die sich im Leben gewandelt und weiterentwickelt haben und sich weiterentwickeln, bleiben lebendig und verbreiten in ihrer Umgebung – trotz allem – eine Atmosphäre der Freiheit und Lebendigkeit. Auch in schwierigen Zeiten gewinnen sie neue Perspektiven und Einstellungen für ihr Leben.

Weise Menschen haben im positiven Sinn ihr Leben ausgelebt. Sie schauen zurück auf das, was sie gelebt haben. Das erwärmt ihr Herz. Sie sehen die Zusammenhänge ihres Lebens und verstehen ihr Leben. Was sie gelebt haben, ist nicht verloren gegangen, sondern aufbewahrt in den vollen Scheunen der Vergangenheit (Frankl). Auch mit dem, was sie nicht gelebt, nicht verwirklicht und versäumt haben, was tatsächlich verloren gegangen ist, versöhnen sie sich und finden dazu eine Einstellung und ihren inneren Frieden. Schon der Prophet Jesaja (57,2) spricht davon: „Die richtig für sich gewandelt haben, kommen zum Frieden und ruhen in ihren Kammern". (Der Komponist Gottfried August Homilius (1714–1785), ein Schüler von J.S. Bach, hat zu diesem Jesajawort eine sehr berührende Motette komponiert.) Weil in der Seele des gewandelten Menschen kein Widerstreit ist, kommt er zum inneren Frieden und kann ruhig und ungestört schlafen, da er nicht von belastenden Gefühlen, unangenehmen Träumen oder Unerledigtem bedrängt wird.

Wenn innerer Friede in einen Menschen eingekehrt ist, wächst die Bereitschaft sich für das zu öffnen, was sein soll und sein muss. Diese Bereitschaft, sich darauf einzulassen, kann zu einer tiefen Sinnerfahrung führen. „Denn in dem Maße der Mensch die inneren Überwindungen vollzieht, wird er durchsichtig für Sinn (Guardini). Auch Weisheit stellt sich dabei ein. Eine Weisheit, die um die eigenen Grenzen weiß: „Weisheit ist aber etwas anderes als ein scharfer Verstand oder praktische Lebensklugheit. Sie ist erlebte Wahrheit und bezeugt sich durch sich selbst.

Es ist das, was entsteht, wenn das Absolute und Ewige im endlich-vergänglichen Bewusstsein durchscheint und von dort aus Licht auf das Leben fällt" (Guardini).

Viktor Frankl hat zu seinem 90. Geburtstag in einem Wiener Theater einen Vortrag gehalten zum Thema: „Was nicht in meinen Büchern steht". Nachdem er mit seinem Vortrag geendet hatte, standen 2000 Menschen spontan auf, um ihm für das, was er dem Leben gegenüber als Vorbild geleistet hat, zu danken, denn von ihm als Person und von seinen Worten ging eine starke Kraft aus, die die Zuhörer tief berührt hat.

Der gereifte und weise Mensch strahlt aus. Er beherrscht nicht, sondern macht den Sinn deutlich und gibt ihm durch die Selbstlosigkeit seiner Haltung eine besondere Wirksamkeit. Diese Menschen haben eine Würde, die nicht aus der Leistung kommt, sondern aus dem Sein. Sie sind in sich glücklich.

Altwerden heißt dem Tod nahe kommen; je älter desto näher. Da erhebt sich die Urfrage: Ist der Tod die Auflösung ins Leere oder der Durchschritt ins Eigentliche?
Darauf gibt nur die Religion eine Antwort. Romano Guardini sagt in diesem Zusammenhang: „Altwerden ohne den Glauben an Gott ist schlimm. Der Kern im Leben des alten Menschen kann nur das Gebet sein – welche Form es auch immer annehmen möge. Ich habe viele gereifte Menschen erlebt, die darauf für sich persönlich eine Antwort gefunden haben."

Der ältere Mensch und die Gesellschaft

Dass ein Mensch aber das Glück erfährt, sein Leben in Würde zu Ende leben zu können, das kann er ausschließlich allein nicht schaffen. Das hängt auch davon ab, ob ihm die Lebensbedingungen, die er dazu benötigt, von seinem sozialen Umfeld (Angehörige, Freunde, Gesellschaft, Staat) gewährt werden.

Bisher haben wir von den Aufgaben gesprochen, die dem alternden Menschen niemand abnehmen darf und abnehmen kann. Zugleich ist der ältere Mensch auch eine lebendige Anfrage und Aufgabe an die Gesellschaft, an jeden einzelnen jüngeren Menschen: Wie gehst Du mit älteren Menschen um?

Sinn kann gefunden und erlebt werden.

Wenn jüngere Menschen sich auf ältere Menschen einlassen, könnten sie die Erfahrung machen, dass der Umgang mit ihnen keine Einbahnstraße ist, sondern dass sie davon profitieren und dabei etwas lernen. Sie könnten dabei lernen, wie sie selber besser älter werden können. Auch könnten sie lernen, wie wichtig es ist zu erkennen, dass eben alle Lebensphasen und Lebensalter ihren ureigensten Sinn haben und dass keine schlechter oder besser ist als die andere, dass das Leben eben nicht aus der ewigen Jugend besteht und dass es darauf ankommt, mitten im Leben das Leben auch von seinem Ende her zu bedenken und sich zu fragen: Was möchte ich am Ende meines Lebens erreicht haben? Wer möchte ich am Ende meines Lebens geworden sein?

Ulrich Oechsle

Zeit zum Altwerden
Erfahrungen und Tröstliches

Burkhard Pechmann

Manchmal nehmen Menschen sich Zeit, manchmal lassen sich Menschen Zeit. Nehmen wir uns, wenn wir auf dem Lebenslauf so weit gekommen sind, Zeit zum Älter- und Altwerden?
Wie finde ich (wieder) Anschluss an das, was früher Frömmigkeit hieß und heute unter dem weiten Begriff Spiritualität gefasst wird? Was kann ich entdecken auf meinem Weg vor und zu Gott? Wie kann ich menschlich alt werden? Und wie kann ich andererseits versuchen, in der Begegnung mit alt werdenden Frauen und Männern seelsorgliche Impulse zu geben, wenn ich mit ihnen zusammen bin? Welche Alternativen fallen mir schon bald oder erst mit der Zeit ein?

Denn trotz der Lebenserfahrung, die mit den Jahren zunimmt, ist der Umgang mit der Zeit nicht leichter geworden: Die Lebensmöglichkeiten sind vielfältiger, aber auch unübersichtlicher geworden. Die Lebenskräfte lassen nach, während der Lebenshunger manchmal noch zunimmt. Und da sind die anderen: Die Jüngeren drängen nach vorne, und von den Gleichaltrigen sind nicht mehr alle am Leben. Wie viel Zeit bleibt mir noch?, fragt man sich teils mit bangem („hoffentlich noch"), teils mit erleichtertem Unterton („auch diese Zeit wird ein Ende finden").
Früher habe ich alte Menschen besucht. Nun besucht das Alter mich – und es bleibt nicht nur bei einem freundlichen Hereinschauen. Es macht sich immer nachdrücklicher bemerkbar, eine Erfahrung, die schon Goethe in einem Gedicht beschrieben hat:

DAS ALTER

Das Alter ist ein höflich' Mann:
Einmal über's andre klopft er an;
Aber nun sagt niemand: „Herein!"
Und vor der Türe will er nicht sein.
Da klinkt er auf, tritt ein so schnell,
Und nun heißt's, er sei ein grober Gesell.

Statt bang auf das Ende zu starren oder besinnungslos „von einer Gegenwart zur anderen zu eilen, ohne *alt* zu werden" (Byung Chul Han), will ich hier Fragen stellen und Gestaltungsmöglichkeiten für diesen Lebensabschnitt aufzeigen. Nehme ich mir Zeit? Lasse ich mir Zeit? Kann ich warten? Ertrage ich es zu warten? Traue ich mich alt zu werden?

Es hat etwas mit einem Vertrauen in den Lebensabschnitt des Alters zu tun, der offensichtlich Teil der ganzen Schöpfung ist. Denn alles altert: Pferde bekommen gegen Ende ihres Lebens manchmal noch das Gnadenbrot; Hunde trotten schließlich nur noch langsam hinter ihrem Frauchen her. Die Blumen auf der Wiese vergehen. Selbst an den Bergen – oft ein Sinnbild für Dauer und Beständigkeit – nagt der Zahn der Zeit. Bei manchen Verwitterungen und Abbauprozessen ist strittig, ob und wieweit menschlicher Einfluss daran beteiligt ist, während bei vielen unserer Eingriffe mehr und mehr offensichtlich wird, dass sie den Planeten, auf dem wir leben, beschleunigt altern lassen.

Jedenfalls scheint zur Realität alles Lebendigen die Phase des Alterns zu gehören – wie alles im Leben seine Zeit hat. Diese menschliche Erfahrung wird ausführlich und anrührend im Alten Testament beschrieben:

Alles hat seine Zeit

Ein jegliches hat seine Zeit,
und alles Vorhaben unter dem Himmel hat seine Stunde:
geboren werden hat seine Zeit, sterben hat seine Zeit;

Burkhard Pechmann

pflanzen hat seine Zeit, ausreißen, was gepflanzt ist, hat seine Zeit;
töten hat seine Zeit, heilen hat seine Zeit;
abbrechen hat seine Zeit, bauen hat seine Zeit;
weinen hat seine Zeit, lachen hat seine Zeit;
klagen hat seine Zeit, tanzen hat seine Zeit;
Steine wegwerfen hat seine Zeit, Steine sammeln hat seine Zeit;
herzen hat seine Zeit, aufhören zu herzen hat seine Zeit;
suchen hat seine Zeit, verlieren hat seine Zeit;
behalten hat seine Zeit, wegwerfen hat seine Zeit;
zerreißen hat seine Zeit, zunähen hat seine Zeit;
schweigen hat seine Zeit, reden hat seine Zeit;
lieben hat seine Zeit, hassen hat seine Zeit;
Streit hat seine Zeit, Friede hat seine Zeit. (Prediger Salomo 3,1-8)

Und auch Altwerden hat seine Zeit.
Vermag ich es, mich auch in diese Lebensphase hineinzubegeben,
vielleicht erst tastend, dann mit mehr und mehr Sicherheit? Oder was
hindert mich daran? Möchte ich am liebsten davor ausweichen? Und:
Warum? Ich kann auf einmal vieles entdecken in der Welt, in der ich
bin und die in mir ist.

Zeit für Entdeckungen

Manchmal nehmen Menschen sich Zeit, manchmal lassen Menschen
sich Zeit. Im Alter kann man Entdeckungen machen.
Zu den vielleicht wichtigsten Entdeckungen zählt: Ich bin ein eigener
Mensch! Ich muss nicht (mehr) Jüngeren nacheifern; ich brauche mich
nicht mit den anderen zu vergleichen; und auch zu den Älteren kann
ich ein freieres und von Respekt geprägtes Verhältnis entwickeln.

Als eigener Mensch muss ich in der Welt, in der ich lebe, auch nichts
von mir preisgeben, was ich nicht will! Ja, „von dem, was die anderen
nicht von mir wissen, lebe ich", kann Peter Handke sagen: das ganz
und gar Eigene als die Lebenskraft. Was bis vor wenigen Jahrzehnten
überhaupt keine Frage war – auch in eigenen Angelegenheiten zu-

rückhaltend und verschwiegen zu sein –, ist längst nicht mehr selbstverständlich. Die modernen Formen der Kommunikation, besonders im Internet mit den sozialen Netzwerken, verführen dazu, sich zu öffnen und manchmal mehr von sich mitzuteilen, als man eigentlich möchte. Dabei braucht jeder Mensch eine Privatsphäre: Schutzbedürftiges von mir soll hier geborgen und verborgen bleiben. Darauf bin ich angewiesen, um als eigenständiger Mensch bei mir sein und leben zu können. Ich merke, dass menschliches Leben überhaupt nicht nur auf Nähe, sondern auch auf jene Distanz angewiesen ist, die wohltuend wirkt. Und vielleicht gibt es gar das eine oder andere, das ich mit ins Grab nehmen will: eigen-willig und frei auch von einer Gesellschaft, in der man inzwischen dem Zwang zur ständigen Selbst-Offenbarung unterliegt (Byun Chul Han), zur bedingungslosen Preisgabe von Intimem.

Es gibt noch eine andere wichtige Entdeckung: Ich bin auch ein nicht-eigener Mensch!
Meinen Namen verdanke ich anderen. Gelernt habe ich von anderen. Hilfe und Unterstützung anderer kann ich nach wie vor in Anspruch nehmen.
In vielfältiger Hinsicht bin ich im Laufe meines Lebens auf andere angewiesen gewesen und habe erstaunlich oft bekommen, was ich gebraucht habe. Es ist schön, dass das immer noch so ist, dank der Freundlichkeit, Hilfsbereitschaft, ja Fürsorglichkeit anderer.
Und noch etwas anderes tut gut: der Einfluss des ewigen Gottes auf mein begrenztes Leben!
Manchmal bin ich tapfer gewesen, und manchmal habe ich Hilfe gebraucht, wenn andere Menschen nicht mehr weiter wussten. Meistens konnte ich ganz gut für mich selbst sorgen, und manchmal brauchte ich einen sichereren als menschlichen Schutz. Und umgekehrt war es vielleicht doch ganz gut, wenn ich bei manchen Menschen und bei manchen meiner selbst gesteckten Ziele nicht angekommen bin ... und mich dann anders orientieren musste. Mir kommt das portugiesische Sprichwort in den Sinn: Gott schreibt auch auf krummem Wege gerade. Der unbegrenzte Gott ist so frei, dass er Menschen Um- und Irrwege gehen lässt und so barmherzig,

dass er ihnen häufig geradewegs Möglichkeiten zum Leben eröffnet. Unglaublich!

So kann ich mich auf die Spurensuche begeben: Was entdecke ich, wenn ich über meinen eigenen Lebensweg vor Gott nachsinne? Wofür bin ich dankbar? Was beglückt mich gar? Was bleibt rätselhaft oder womöglich kaum oder nicht zu fassen?

Vor allem bleibt im Alter die Entdeckung, dass ich mein Leben nicht selbst in der Hand habe – obwohl ich doch gelernt hatte, es selbst in die Hand zu nehmen. Manchmal werde ich geführt, wohin ich nicht will (Johannes 21,18).

Zeit für Reue

Manchmal nehmen Menschen sich Zeit, manchmal lassen Menschen sich Zeit.

Im Alter kann man in sich gehen und das widerhallende Echo belastender und belasteter Erinnerungen wahrnehmen: Manches erkenne ich nun sehr viel klarer als früher.

Wie oft habe ich an meiner Meinung festgehalten, obwohl das nur zu fruchtlosen Auseinander-Setzungen führte? Wie oft habe ich mich gegen andere gewandt, wenn es besser gewesen wäre, sich abzuwenden? In welchen Situationen habe ich geschwiegen, wenn ich doch hätte reden sollen? Und in welchen Situationen hätte ich besser nicht weiter reden, sondern innehalten sollen?

Ich habe auch über andere geredet – und nicht nur zu ihrem Besten. Wie oft habe ich mich abfällig, abschätzig oder abwertend über andere geäußert? Warum habe ich mich bei der Stimmungsmache anderer nicht behauptet und nicht für den Abwesenden Partei ergriffen?

Bevor es zur hörbaren Realität der Worte gekommen ist, waren die Gedanken da. Ich entdecke, dass ich nicht immer nur gut über andere gedacht habe ... Vielleicht habe ich anderen sogar das Existenzrecht bestritten, wenn ich wollte, dass sie nicht (mehr) da wären ..., sogar aus meiner eigenen Familie ... Betraf das sogar auch Gruppen von Menschen: die Armen, die Trinker, die Unordentlichen, die Traurigen, Verlierer?

Nicht allein Worte oder Gedanken auch Handlungen können reuen. Habe ich anderen regelrecht geschadet? Habe ich dadurch, dass ich nicht gehandelt habe, anderen etwas ver-sagt, was sie nötig gehabt hätten? Habe ich anderen eine Hilfe durch Schweigen verweigert?

Reue ist nicht Selbstmitleid! Im Selbstmitleid bleibe ich bei mir. Ich kreise mit meinen Gedanken und Gefühlen um mich selbst und finde keinen Weg heraus: das kann zu einem entsetzlichen Zustand werden. Um reumütig in mich zu gehen, brauche ich Mut und etwas von meiner Lebenskraft: ich muss etwas investieren. Aber durch Reue werden nun auch Kräfte freigesetzt! Zunächst führt Reue zur Selbsterkenntnis aus Lebenserfahrung: ich bin oft ein schwacher Mensch gewesen und habe zu wenig aus den Kräften des Glaubens an Gott geredet, gehandelt, geliebt. So sehe ich durch Reue in der Rückschau vieles klarer und deutlicher.

Zum anderen führt Reue zur lebendigen Gotteserkenntnis: Ich lebe auch aus der – noch so kleinen – Hoffnung, dass Gott mich und mein Leben erneuert (2. Korinther 4,16). Vielleicht beginnen Tränen zu fließen, weil sich der große Gott auch über mich unter unzähligen anderen erbarmt. Vielleicht will ich Gott dazu bringen, dass er auf meine Tränen antwortet: „Schweige nicht zu meinen Tränen!" (Psalm 39,13). Reue vollzieht sich im menschlichen Herzen: So haben es die Männer und Frauen der biblischen Texte an sich erlebt; so kann man es auch heute an sich selbst wahrnehmen. Hier ist der Ort, wo sich Verhärtungen auflösen, Verschattungen sich verziehen und das, was ins Stocken geraten ist, wieder zu fließen beginnt. Ich spüre die heilsame Wirkung der Reue als Erleichterung, als Aufatmen. Jetzt kann ich neu „lernen: den Umgang mit Menschen, den Umgang mit der eigenen Zeit und den Umgang mit Gott selbst" (Rudolf Bohren).

Zeit für gute Erinnerungen

Manchmal nehmen Menschen sich Zeit, manchmal lassen Menschen sich Zeit. Im Alter hat man Zeit für die guten Erinnerungen und kann daraus Kraft schöpfen.

Woran erinnere ich mich nicht alles? Da waren die Gerüche und Düfte

Burkhard Pechmann

der Kindheit, da war das Gurren der Tauben an einem friedlichen Sonntagmorgen. Da waren die vertrauten Menschen, die mir Sicherheit und Halt gaben. Da waren die anderen, die mich eingeführt haben in die Welt des Wissens und des Staunens darüber, in die Welt der Gefühle und der Lust, in die Welt der Arbeit und der Verantwortung, des Gerechtigkeitssinns, des Widerstandswillens und der Geduld.

Da gibt es eine Vielzahl von Erinnerungsräumen als Vorratskammern des Guten in meinem Leben. Davon kann ich zehren, wenn mir manches nicht mehr so leicht fällt und wiederum neue Kraft bekommen. Wir Menschen können, besonders wenn es uns schlecht geht, sehr vergesslich sein. Deshalb hilft es mir, wenn ich mich daran erinnern lasse, „was er dir Gutes getan hat!" Und deshalb kann ich Gott danken und einstimmen in: „Lobe den Herrn, meine Seele!" (Psalm 103,2).

Den Erinnerungen wendet sich auch Detlev von Liliencron zu: Da stöbert jemand in alten Briefen. Er findet Vergangenes – und entdeckt dabei auch seine Gegenwart!

> Aus der Kinderzeit
> *In alten Briefen saß ich heut vergraben*
> *Als einer plötzlich in die Hand mir fiel,*
> *Auf dem die Jahresziffer mich erschreckte,*
> *So lange war es her, so lange schon.*
> *Die Schrift stand groß und klein und glatt und kraus*
> *Und reichlich untermischt mit Tintenklecksen:*
> *„Mein lieber Fritz, die Bäume sind nun kahl,*
> *Wir spielen nicht mehr Räuber und Soldat,*
> *Türk hat das rechte Vorderbein gebrochen,*
> *Und Tante Hannchen hat noch immer Zahnweh,*
> *Papa ist auf die Hühnerjagd gegangen.*
> *Ich weiß nichts mehr. Mir geht es gut.*
> *Schreib´ bald und bleibe recht gesund.*
> *Dein Freund und Vetter Siegesmund..."*
> *„Die Bäume sind nun kahl", das herbe Wort*
> *Ließ mich die Briefe still zusammenlegen,*
> *Gab Hut und Handschuh mir und Rock und Stock,*
> *Und drängte mich hinaus in meine Haide.*

„... die Bäume sind nun kahl." Für das Kind war das die Zeit, als der Spätsommer längst zu Ende und der Herbst weit fortgeschritten war. Auch die Zeit des Spielens mit den anderen in der Natur ist zu Ende gegangen. Sie war nicht ganz unbeschwert: Denn der Spielkamerad hatte sich ein Bein gebrochen, und das Mitgefühl gilt der Tante mit ihren Zahnschmerzen. Aber selbstverständlich wird das gemeinsame Spiel nach dem Winter wieder beginnen! Deutlich ist die kindliche Unbefangenheit zu spüren, die fraglose Zukunftsorientierung.

Für den alt gewordenen Mann, der über die weit zurückliegende Jahresziffer „erschrickt", bedeutet „die Bäume sind nun kahl" etwas ganz anderes! Das Frühjahr seines Lebens ist Vergangenheit. Schon lange liegt der Sommer seines Lebens hinter ihm. Und wenn er nun liest, dass die Bäume kahl geworden sind, hört man unausgesprochen den Gedanken mit: Mir wird nicht mehr viel Zeit bleiben. Aber er gibt diesem Gedanken nicht weiter Raum! Er bleibt auch nicht den Erinnerungen verhaftet. Er kehrt in seine Gegenwart zurück und geht hinaus in die Natur, ins Weite. Unverzagt setzt er sich dem Wind aus. Vielleicht gibt ihm das Kraft für die kommende Zeit. Ich denke an die Worte: „Harre des Herrn! Sei getrost und unverzagt und harre des Herrn!" (Psalm 27,14).

Noch etwas anderes fällt mir ein: So viele Male hat er nicht nur die kahlen Bäume erlebt, sondern schließlich auch die ersten Knospen des Frühjahrs wahrgenommen. Das Leben ging weiter. Vielleicht trägt er eine Hoffnung in sich, dass das Leben auch für ihn weitergehen wird, nachdem er gestorben ist. Ähnliches drücken für mich die Zeilen aus: „Ich glaube aber doch, dass ich sehen werde die Güte des Herrn im Lande der Lebendigen" (Psalm 27,13). Die Güte des Herrn ist und bleibt ein unerschöpflicher Quell, um zu den Lebendigen zu gehören.

Zeit für Geschichten

Manchmal nehmen Menschen sich Zeit, manchmal lassen Menschen sich Zeit. Im Alter kann man sich Zeit nehmen für Geschichten. Mir fallen Geschichten aus meiner Kindheit und meiner Jugendzeit

Burkhard Pechmann

und natürlich aus meiner Schulzeit ein: mit Mitschülern und -schülerinnen, mit beliebten, unbeliebten und menschlichen Lehrern, aus dem Deutsch- und dem Sportunterricht, von Zwischenfällen.

Da ist die Geschichte vom ersten Kuss, die Geschichte des ersten Verliebtseins, und da ist die eine Liebesgeschichte. Viele andere Geschichten, die ich erlebt habe, fallen mir ein: Sie handeln von Schmerzlichem und von Schönem. Und es gibt Geschichten, in die ich verwickelt war, die ich nur vom Erzählen kenne: meine Geburtsgeschichte! Oder: wie ich nach einer Operation wieder zu mir gekommen bin. Und dann habe ich Geschichten von Menschen zu hören bekommen, die ich nie kennen gelernt habe und die dennoch mein Leben prägen: Geschichten meiner Vorfahren, Geschichten von deren Heimat, deren Eigenarten und deren Schicksal.

Mit der Zeit entdecke ich: Ich bin eine Geschichte! Im Erzählen der Geschichten werden sie wieder lebendig: die kleinen und großen Ereignisse meines Lebens. Denn schließlich mündet alles, was ich von mir sagen kann, in eine Geschichte: eine Kindheitsgeschichte, ein Kranken- und eine Genesungsgeschichte, die Geschichte einer Auseinandersetzung und eine Versöhnungsgeschichte, die Geschichten von Zweifeln, gar Verzweiflung und von wieder aufkeimender Hoffnung.

Andere Geschichten habe ich gehört „Es begab sich aber zu der Zeit, dass ..." (Lukas 2). Die Weihnachtsgeschichte! Sie ist auch verwobenmit den Geschichten, die ich in der Weihnachtszeit erlebt habe: mit Schnee und Glatteis und oft auch mit ziemlich milden Temperaturen, mit dem Essen und Trinken, das es nur zu Weihnachten gibt, mit dem einzigartigen Geruch von Weihnachten.

Und dann habe ich mich irgendwann gefragt: Steckt in dieser Geburtsgeschichte nicht auch etwas von meiner Geschichte? So hat der Weg meiner Entdeckung begonnen. Denn natürlich muss ich umgekehrt fragen: Finde ich etwas von meiner Geschichte in jener Geburtsgeschichte wieder?

Seinerzeit hat jemand völlig anderes als ich das Licht dieser Welt erblickt; die Umstände seiner, der Geburt Jesu in Bethlehem, sind mit meiner nicht zu vergleichen. Und doch wollte Gott auch in meinem

Fall, dass ich geboren werde. Weit über den Willen meiner Eltern hinaus und unter unzähligen von Möglichkeiten bin ich es, der zur Welt gekommen ist. Gott wollte, dass eine Geschichte mit mir beginnt. Wann habe ich angefangen, Gottes Geschichte mit mir wahrzunehmen? Welche Spuren davon entdecke ich in meinem Leben? Freundliche, gar barmherzige Führung, unaufdringlichen oder starken Schutz?

Die Weihnachtsgeschichte ist vielleicht die erste, aber nicht die einzige biblische Geschichte, die an mein Ohr gedrungen ist: Noch immer lässt mich die Geschichte von Kain und Abel (1. Mose 4,1-16) verstört und erleichtert zurück. Der erste Mord, der in der Bibel erzählt wird, ist ein Brudermord. Und Gott zeigt sich darin als humaner Gott, dass er den reuigen Täter nicht menschlicher Rachsucht überlässt, sondern ihm die Chance zu leben gibt. – Ganz anders überrascht mich der „Lobsang der Hanna" (1. Samuel 2,1-10): Hier werden Geschichten nur angedeutet. Aber in welcher Dramatik! „Der Herr tötet und macht lebendig, führt hinab zu den Toten und wieder herauf. Der Herr macht arm und macht reich; er erniedrigt und erhöht." Die Geschichten von Menschen, die sicher immer weiter zu gehen scheinen, werden durch göttliches Eingreifen fundamental gestört und in eine ganz andere Bahn gelenkt: jedes Mal um letztlich frei zu werden.

Entdecke ich in den Brüchen meiner Lebensgeschichte, in den unmerklichen, den abrupten Änderungen auch derartigen, vielleicht göttlichen Einfluss? Gab es gar Zumutungen, die mich an die Grenze des Erträglichen gebracht haben? Worin entdecke ich Hilfen, durch die ich wieder ins Leben gefunden habe? Was für eine Geschichte, was für Geschichten kann ich darüber erzählen?

Und dann hoffe ich, dass die Geschichte des Neuen Testaments auch mich erfasst: die Auferstehung Jesu Christi von den Toten (Matthäus 28, Johannes 20 und 21). Seit jenem Ereignis sind unzählige Menschen weltweit mit Hoffnung und Trost, mit Widerstandskraft und Geduld erfüllt worden: um Kraft für das Leben oder Vertrauen zum Sterben zu bekommen. Wieder können Geschichten darüber weiter gegeben werden! Und auch meine Hoffnung besteht darin, dass meine Lebens-

Burkhard Pechmann

geschichte enden und etwas ganz Neues in der Ewigkeit beginnen wird: „Freut euch, dass eure Namen im Himmel geschrieben sind" (Lukas 10,20). Bereits jetzt breitet sich Vorfreude in menschlichen Lebensgeschichten aus – bis sie Freude grenzenlos und ein neues Kapitel meiner Geschichte aufgeschlagen werden wird! Davon allerdings wird im Diesseits nichts mehr zu hören oder zu lesen sein.

Zeit für Unfertiges

Manchmal nehmen Menschen sich Zeit, manchmal lassen Menschen sich Zeit. Im Alter kann man Dinge so lassen, wie sie sind. Ganz anders hat man sich bisher verhalten: Man hat versucht, alles so gut wie möglich zu machen und dabei oder nebenher auch die eigenen Interessen verwirklicht. Letzteres hat mit dem Beginn des Ruhestandes noch einmal einen Schub bekommen. Nun konnte man sich dem widmen, was man „immer schon einmal machen wollte": Aufenthalte in anderen Umgebungen und Lebenswelten, vielleicht das Unterwegs-Sein als Selbstzweck, also Reisen aus Lust am Reisen. Vielleicht auch: Lust zu etwas, worüber andere bei der Vorstellung des Plans nur den Kopf schütteln würden.

Anderes hat brach gelegen; Beziehungen und Freundschaften, die bis in die Schulzeit zurückreichen, leben wieder auf: manchmal redet man miteinander, wie wenn man an ein Gespräch wieder anknüpft, das nur kurz unterbrochen wurde – obwohl doch Jahrzehnte dazwischen liegen. Und manchmal merkt man, wie fremd man sich geworden ist – und fragt sich im Nachhinein, was einen früher verbunden hat. Kurz: Man will in vielfältiger Hinsicht eine erfreuliche Fortsetzung des bisherigen Lebenslaufs oder einen gelingenden Abschluss vor dem weiteren Weg erreichen. Man will noch einmal alles so gut wie möglich machen.

Eine andere Möglichkeit der Lebensgestaltung wird in der folgenden Geschichte beschrieben: „Weil seine Einsiedelei in der Raumaufteilung und in der Grundkonstruktion nicht ganz angemessen und auch nicht bequem war, formte Kū-amidabutsu vom Berg Kōya sie in seinem Geist um und sagte, es wäre gut, wenn alles leicht verändert würde. Als ihm jemand anbot, die Veränderungen vorzunehmen, erwiderte er aber: ,Nein, rühr nichts an. Auf diese Weise ist meine Behausung eine Hilfe bei der Weltentsagung. Wenn ich sie ansprechend fände und an ihr anhaftete, würde das gar keinem Zweck dienen'"(Gerhard Marcel Martin).

Was hier in einem eindrücklichen Gespräch auf den Wohnraum einer Mönchsklause im Japan des 13. Jahrhunderts bezogen ist, bedeutet beides: Realität und Sinnbild. Natürlich geht es tatsächlich um die Gestaltung der häuslichen Gegebenheiten. Und gleichzeitig steht auf einmal die Frage im Raum: Wozu dient mein persönlicher Rückzugsort? Geht es nur darum vor dem Wetter geschützt zu sein? Allein dass mein Zuhause hin und wieder zu einer gastfreundlichen Umgebung für Gespräche mit anderen wird, eröffnet eine weitere Perspektive.

In unserer westlichen Welt dient der Wohnraum der Steigerung des Wohlbefindens, hier bin ich zuhause. Hierher lade ich ein. Für den buddhistischen Mönch Kū-amidabutsu erfüllt der Wohnraum seinen Zweck, wenn er für die Konzentration auf die Weltentsagung – und damit für die Vorbereitung auf das Kommende – geeignet ist. Deshalb liegt in seiner unfertigen Behausung eine, die lebenswichtige Chance der Besinnung auf die Welt danach, mit unserem Wort: auf die Ewigkeit. Er hätte sie nicht, wenn er damit beschäftigt wäre, alles Diesseitige so gut wie möglich zu machen. Perfektionsdrang wäre eine Behinderung auf diesem Weg. Zu einer ähnlichen Orientierung anhand von menschlichem – und bis zum Äußersten gesteigertem – Besitzstreben leitet der Erlöser Jesus Christus an: „Was hat der Mensch davon, wenn er die gesamte Welt besitzen, seine Seele aber Schaden erleiden würde?" (Matthäus 16,26). Die seelische, die innere Ausrichtung nach oben, von wo die Kraft der göttlichen Rettung herkommt, ist wichtiger als alles andere. Denn menschliche, nicht-menschliche und unmenschliche Einflüsse in Zeit und Raum haben ihren Niederschlag gefunden und zu Verletzungen geführt: nicht nur des Leibes, auch der Seele.

Burkhard Pechmann

Aktuell kann man allerdings unter älter werdenden Zeitgenossen einen Perfektionsdrang nicht nur in Bezug auf ihre Wohnverhältnisse und ihre Lebensgestaltung, sondern auch auf ihre Körperlichkeit wahrnehmen: Makellosigkeit – wenigstens dem äußeren Erscheinungsbild nach – ist ein Ideal, dem zunehmend Frauen und Männer nacheifern. Der Heidenmissionar Paulus sieht das Verhältnis zur leiblichen Existenz dagegen sehr nüchtern, „denn wir wissen: wenn unser irdisches Haus, diese Hütte, zerbrochen wird … " Die Gemeinde in Korinth soll, muss daran erinnert werden, dass der Leib, den wir alle jeweils bewohnen, ein radikales Ende haben wird: vergleichbar dem Abbruch von Häusern und Hütten. Die Menschen, die der Gemeinde teils näher, teils ferner stehen, dürfen gleichzeitig auch hören, dass wir dann „einen Bau, von Gott erbaut, ein Haus, nicht mit Händen gemacht, das ewig ist im Himmel [haben]" (2. Korinther 5,1). Es wird eine Zukunft geben, die ohne Pfusch am Bau („nicht mit Händen gemacht") von einer unglaublichen Stabilität sein und die jeden menschlichen Makel endgültig hinter sich lassen wird.

Weil diese Zukunftsperspektive bereits meine Gegenwart beeinflusst, liegen im Unfertigen im Alter, in der Selbst-Begrenzung Chancen. Ich entdecke, dass ich doch nicht dieses und jenes noch machen muss. Ich muss auch nicht mehr verwirklichen, was ich mir vorgenommen hatte und auch nicht mehr erreichen, was mir als Ziel vor Augen schwebte. Zwar lassen im Alter die Lebenskräfte nach, aber ich kann auch aus eigenem Entscheidungswillen Dinge so lassen, wie sie sind: nicht um träge oder unordentlich zu werden, oder zu verwahrlosen, sondern um mich auf das, was danach kommt, auszurichten. Erleichterung breitet sich in mir aus, weil ich mich abwenden kann.

Noch einmal soll der Heidenmissionar Paulus zu Wort kommen: „Nicht, dass ich's schon ergriffen habe oder schon vollkommen sei; ich jage ihm aber nach, als ob ich's schon ergreifen könnte, nachdem ich von Christus ergriffen bin … Ich vergesse, was dahinten ist, und strecke mich nach dem, was da vorne ist, und jage dem vorgesteckten Ziel nach, nach der Kostbarkeit der himmlischen Berufung Gottes in Christus Jesus" (Philipper 3,12-14). Als Christin, als Christ in der Taufe berufen worden zu sein (oder noch berufen zu werden …) heißt auch: sich dem himmlischen Ruf zu öffnen und auf jene unbeschreibliche Kostbarkeit hin auszurichten, bis „das Reich und die Kraft und die Herrlichkeit" Realität werden.

Zeit zum Beten

Himmlischer Vater, großer und ewiger Gott,
ich danke dir, dass ich nach deinem Willen das Licht dieser Welt
    erblickt habe.
Durch meine Eltern und die anderen Menschen in meiner Familie,
hast du mir am Anfang meines Lebens gegeben, was ich gebraucht
    habe:
Schutz und Fürsorge, Zuwendung und Liebe.
Ich danke dir dafür.
Durch Lehrerinnen und Lehrer hast du mich immer weiter in diese
    Welt hineingeführt:
um zu staunen und zu erkennen, um zu wissen und zu verstehen,
auch um meinen eigenen Platz in dieser Welt zu suchen und zu
    entdecken und sie zu verändern.
Ich danke dir dafür.
Zusammen mit anderen ist Gutes daraus geworden.
Gutes konnte ich weitergeben, anderen einen Rat geben, kann ich
    immer noch.
Ich danke dir für deine Kräfte, aus denen ich lebe und aus denen
    auch andere leben sollen.
In vielem hast du mir beigestanden auf meinem Lebensweg
und mir immer wieder neue Lebensmöglichkeiten eröffnet.
Ich danke dir für den Glauben an dich.
Vergib mir meine Gedanken, meine Worte, meine Taten:
wenn ich anderen wehgetan habe, sie verletzt, gekränkt oder
    geschädigt habe.
Vergib mir, wenn ich zuwenig aus der Kraft des Glaubens an dich
    allein gelebt habe.

Burkhard Pechmann

Ich bitte dich, dass du mich durch das Älterwerden führst
und auch im Altsein bei mir bleibst:
lass mich nüchtern die nachlassenden Kräfte wahrnehmen,
begrenze Schmerzen und Leid
und erneuere mich durch den Glauben an deinen Sohn Jesus
    Christus
und die Hoffnung auf dein Reich, das kommt.
Dir sei Ruhm und Ehre, Preis und Anbetung,
dir gebührt der Dank für alles,
dem Vater, dem Sohn und dem heiligen Geist
von Ewigkeit zu Ewigkeit. Amen.

„Weiheit des Herzens gewinnen"
Psalm 90 und die Herausforderungen des Älterwerdens

Bettina Hertel

Psalm 90, 1–12

1. Ein Gebet Moses, des Mannes Gottes
   Gott, du bist unsere Zuflucht für und für.
2. Ehe die Berge geboren wurden und die Erde und die Welt geschaffen, bist du Gott, von Ewigkeit zu Ewigkeit.
3. Du läßt die Menschen zurückkehren zum Staub und sprichst: „Kehrt zurück, Menschenkinder!"
4. Ja, tausend Jahre sind in deinen Augen wie der gestrige Tag, wenn er vergangen ist und wie eine Nachtwache.
5. Du vernichtest sie, ein Schlaf sind sie dann, wie sprossendes Gras.
6. Am Morgen erblüht es und wächst, am Abend welkt es und verdorrt.
7. Ja, wir vergehen durch deinen Zorn, fahren dahin durch deinen Grimm.
8. Du hältst dir unsere Sünden vor Augen, unser Geheimstes vor das helle Licht deines Angesichts.
9. Ja, alle unsere Tage fahren dahin durch deinen Zorn, unsere Jahre schwinden dahin wie ein Seufzer.
10. Unser Leben währet siebzig Jahre und wenn es hochkommt, sind es achtzig Jahre, und das Beste daran ist Mühsal und Beschwer, denn schnell ist es vorbei, im Fluge vergangen.
11. Wer erkennt die Gewalt deines Zorns und wer nimmt wahr die Wucht deines Grimms?
12. Lehre uns unsere Tage zählen, damit wir ein weises Herz gewinnen.
    AMEN
    (Übersetzung nach Kurt Marti)

In Psalm 90 wird das Verhältnis zwischen Mensch und Gott aus der Perspektive der Zeit reflektiert. Tausend Jahre, so heißt es im Vers 4, sind für Gott wie ein Tag oder der Teil einer Nacht: *Ja, tausend Jahre sind in deinen Augen wie der gestrige Tag, wenn er vergangen ist und wie eine Nachtwache.*

Tausend Jahre sind für Menschen eine unglaublich lange und nicht wirklich vorstellbare Zeit. Wie haben Menschen vor tausend Jahren gelebt, wie haben sie gedacht, welches Lebensgefühl war für sie prägend? Wir können es heute nur ahnen und haben nur wenige Anhaltspunkte, um es uns vorzustellen. Noch weniger können wir trotz moderner Forschung nachvollziehen, wie das Leben vor zweitausend Jahren war. Tausend Jahre sind für uns fast wie eine Ewigkeit, für Gott sind sie nach Psalm 90 ein Wimpernschlag.

Vergänglichkeit und Mühsal im menschlichen Leben

Während Gott ewig ist – *Ehe die Berge geboren wurden und die Erde und die Welt geschaffen, bist du Gott, von Ewigkeit zu Ewigkeit.* (Vers 2) – haben Menschen nur eine begrenzte Lebenszeit. Die Tage der Menschen schwinden dahin wie Seufzer: *Ja, alle unsere Tage fahren dahin durch deinen Zorn, unsere Jahre schwinden dahin wie ein Seufzer* (Vers 9).

Das menschliche Leben ist auf siebzig oder achtzig Jahre begrenzt: *Unser Leben währet siebzig Jahre und wenn es hochkommt, sind es achtzig Jahre, und das Beste daran ist Mühsal und Beschwer, denn schnell ist es vorbei, im Fluge vergangen.* (Vers 10).

Die Vergänglichkeit und Hinfälligkeit des Menschen wird auch in Vers 5 und 6 nochmals betont, er ist: *wie sprossendes Gras. Am Morgen erblüht es und wächst, am Abend welkt es und verdorrt.*

Der Mensch hat nur eine begrenzte Lebenszeit und tut gut daran, die Tage zu zählen: *Lehre uns unsere Tage zählen* (Vers 12).

Im Zusammenhang mit der Vergänglichkeit werden im zweiten Teil des Psalmes (Vers 7-10) der Zorn Gottes und die Sünde des Menschen genannt.

Ja, wir vergehen durch deinen Zorn, fahren dahin durch deinen Grimm (Vers 7).

Du hältst dir unsere Sünden vor Augen, unser Geheimstes vor das helle Licht deines Angesichts (Vers 8).
Wer erkennt die Gewalt deines Zorns und wer nimmt wahr die Wucht deines Grimms? (Vers 11).

Ist damit gemeint, dass die Vergänglichkeit des Menschen eine Folge der Sünde ist? Der Psalm lässt dies offen. Aber er macht den Ernst und die Existentialität des Zorns Gottes deutlich. Vor Gott wird das Geheimste ins Licht gebracht. Damit verbunden sind die begrenzten Tage der Menschen, die dahin fahren und die Jahre, die wie Seufzer vergehen. Deutlich wird die Mühsal und Beschwernis, die innerhalb der Lebensjahre erlebt wird.

Es ist kein leichtes und heiteres Bild zum Thema Zeit, das aus diesem Psalm klingt, sondern ein realistischer Blick auf eine Lebenszeit, in der das eigene Leben kritisch betrachtet wird und die Schwere der Lebensjahre nicht schön geredet wird.

Aber doch beginnt der Psalm mit dem tröstlichen Hinweis, dass Gott die Zuflucht ist. Gott steht über der Begrenztheit des menschlichen Lebens. Diese Begrenztheit wird oft als unbarmherzig empfunden. Gleichzeitig ist Gott die Zuflucht des Lebens, zu dem der Mensch sich hinwendet auch angesichts dessen, dass er sich seiner eigenen Begrenztheit bewusst ist.

Gesellschaftlichen Veränderungen zu Zeiten von Mose und heute

Psalm 90 ist der einzige Psalm, der als Mose-Psalm gilt. Welche Verbindung es tatsächlich zwischen dem Psalm und Mose gab, ist allerdings sehr ungesichert. Die Gestalt des Mose steht für die Geschichte des Auszugs des Volkes Israel aus Ägypten und den Übergang in etwas Neues, in das Heilige Land. Dieser Weg, dieser gesellschaftliche Übergang, kann mit diesem Psalm in Verbindung gebracht werden, der von der Lebenszeit und der Endlichkeit des Menschen handelt.

Die gesellschaftlichen Fragen des 21. Jahrhunderts in Westeuropa sind anders als die im Psalm 90 angedeuteten Herausforderungen, vor denen die Gesellschaft zu Zeiten von Mose stand. Die heutigen ge-

Bettina Hertel

sellschaftlichen Fragen stellen nicht den Übergang aus einer Zeit der Unterdrückung in ein gelobtes Land dar. Aber auch in heutiger Zeit gibt es eine große gesellschaftliche Veränderung: der Übergang in eine neue gesellschaftliche Struktur aufgrund der demografischen Veränderung. In wenigen Jahren wird sich die Zahl der älteren Menschen in unserer Gesellschaft deutlich erhöhen. Im Jahr 2030 werden mehr als ein Drittel der Bevölkerung über 60 Jahre alt sein. Personen zwischen 20 und 60 Jahre werden weniger als 50 Prozent der Bevölkerung ausmachen. Eine solche demografische Verteilung ist völlig neu in der Menschheitsgeschichte. Dank der modernen Medizin können Menschen heute wesentlich älter werden als noch vor hundert Jahren und sind dabei länger gesund und körperlich fit. Gleichzeitig gibt es mehr Menschen, die ein hohes Alter erreichen und die auf Hilfe und Pflege angewiesen sind. Das bedeutet, dass die Gesellschaft vor ganz neuen Herausforderungen steht und sich gleichzeitig viele neue Möglichkeiten eröffnen.

Noch vor fünfzig Jahren bedeutete Ruhestand in vielen Fällen, dass Menschen, die nach einem langen Arbeitsleben ihre Kräfte verbraucht hatten, die Möglichkeit hatten, sich auszuruhen und die wenigen Jahre, die ihnen blieben, ohne große Anstrengungen zu verbringen. Heute bedeutet Ruhestand, dass Menschen mit Mitte sechzig aus dem Erwerbsleben ganz oder teilweise aussteigen: Viele sind gesundheitlich fit genug, um sich noch viele Jahre, eventuell sogar mehr als zwei Jahrzehnte aktiv am privaten und gesellschaftlichen Leben zu beteiligen. Eine hohe Prozentzahl der Ruheständler wird ein hohes Alter erreichen, es wird zunehmend Menschen geben, die über hundert Jahre alt werden.

Diese Entwicklungen stellen die Gesellschaft vor völlig neue Fragen und stellen daher eine andere und umfassende Art von gesellschaftlichem Übergang und Veränderung dar.

Ein weises Herz gewinnen

Was kann der Psalm 90 mit seiner Lebensweisheit *Lehre uns unsere Tage zählen, damit wir ein weises Herz gewinnen* (Vers 12) für heutige Fragen bedeuten? Vielleicht ist der Satz vom Psalmbeter (oder der Psalmbeterin?) als Resümee gedacht gewesen: Das Ziel des Menschen seine eigene Endlichkeit bedenkend sollte es sein, ein weises Herz zu gewinnen. Was bedeutet es dann heute, ein weises Herz zu gewinnen? Aktuelle gesellschaftliche Herausforderungen müssen gesellschaftlich bewältigt werden. Es müssen gemeinsam Antworten auf gesellschaftliche Fragen gefunden werden.

Gleichzeitig ist es heute wie auch zu biblischen Zeiten eine persönliche Aufgabe, Antworten zu finden auf die Frage, was Endlichkeit für das eigene menschliche Leben bedeutet.

Auch auf die großen gesellschaftlichen Entwicklungen müssen persönliche Antworten gefunden werden, wie sich jeder einzelne Mensch dazu verhält. Eine so verstandene Suchbewegung und Spiritualität des Alters könnte ein Synonym sein für das, was vor über 2000 Jahren mit dem „weisen Herz" gemeint war.

„Ein weises Herz gewinnen" im Blick auf die eigene Vergänglichkeit und Lebenszeit: Heute bedeutet das vielleicht Reflexion nicht nur im Blick auf die Vergänglichkeit, sondern auch im Blick auf das Verständnis des Älterwerdens und der damit verbundenen Lebenszeit, dem Bild vom Alter. Es bieten sich heute neue Möglichkeiten und es stellen sich neue Fragen im Zusammenhang mit Älterwerden und Hochaltrigkeit. Nicht nur für die eigene Person sind diese Fragen zu reflektieren sondern auch im Blick darauf, welches Bild vom Älterwerden nachkommenden Generationen vermittelt wird.

Wie gehen wir im Prozess des Älterwerdens mit gesundheitlichen Fragen um, mit Beziehungen und dem Verlust von Beziehungen? Ist das Älterwerden mehr geprägt von Reduzierung oder zugleich genauso stark von Lebensfülle? Wie wird Mitgestaltung der Gesellschaft in dieser Lebensphase gelebt?

Wie wird im Alter über die Zeit der vergangenen Jahrzehnte gedacht? Was bleibt bedeutsam, wenn siebzig, achtzig neunzig Jahre des Lebens gelebt wurden?

Bettina Hertel

Gelassenheit gegenüber den vorbeieilenden Jahren

Psalm 90 vermittelt uns Menschen von heute auch eine Gelassenheit: Die vorbeieilenden Jahre werden nicht überbewertet, sie werden in einer viel umfassenderen Dimension gesehen: Für Gott sind diese Jahrtausende nichts weiter als eine Zeitspanne so lang wie etwa ein Tag oder eine Nachtwache.

Es lohnt sich, diese Gelassenheit zu verbinden mit den Zukunftsverheißungen der Bibel. Die Bibel ist voll von Visionen einer positiven, verheißungsvollen Zukunft. Ein Beispiel ist die Vision des Friedens zwischen allen Geschöpfen, Menschen und Tieren, in Jesaja 11,6-9. Diese biblischen Verheißungen gelten auch hinsichtlich der Zeit, die vorübereilt. Sie ermutigen, die Veränderungen der Gesellschaft mit Hoffnung und positiver Erwartung zu gestalten. Auch wenn die globalen Veränderungen manchmal beängstigend scheinen, gelten doch die hoffnungsvollen Aussagen der Bibel. Gottes Gerechtigkeit und Frieden sind für diese Welt und für uns Menschen gedacht. Und über diesen Gott schreibt der Psalm, dass tausend Jahre für ihn wie der gestrige Tag sind.

„Es ist gut, wenn uns die verrinnende Zeit nicht als etwas erscheint, das uns verbraucht oder zerstört, sondern als etwas, das uns vollendet" schreibt Antoine de Saint-Exupéry.

Was kommt nach dem Tod?

Bilder und Gleichnisse

Richard Haug

„Ein engelhaftes Wesen, eine junge Frau, war bei mir, mit hohen Wangenknochen und tiefblauen Augen. Wir saßen auf einem Schmetterling, und wir waren umgeben von Schmetterlingen. Ohne Worte zu benutzen, sprach sie zu mir, es war keine Fantasie, es war real. Es war eine Botschaft aus folgenden drei Teilen: Du wirst für immer geliebt und wertgeschätzt. Du musst nichts fürchten. Du kannst nichts falsch machen."

So schreibt Dr. Eben Alexander in seinem Buch „Nachweis des Himmels" – Proof of Heaven – A Neurosurgeon's Journey into the Afterlife –, das wochenlang auf der Bestsellerliste der New York Times stand.

Was können wir wissen?

Der Neurochirurg Alexander war Dozent an der renommierten Harvard Medical School. 2008 erlitt er eine schwere Hirnhautentzündung; er befand sich eine Woche lang im Koma. Er sei, berichtet er, auf dem Flügel eines Schmetterlings mit Millionen anderer Schmetterlinge aufgestiegen über einer Welt voller Wiesen in unbeschreiblichen Farben. Er war ein skeptischer Wissenschaftler gewesen, nun ist er überzeugt, den Nachweis geführt zu haben, dass es den Himmel gibt.

Ähnlich hat sich schon früher die Ärztin und Wissenschaftlerin Elisabeth Kübler-Ross geäußert. Als Fazit ihrer Sterbe- und Todesforschung sagte sie über ein Leben nach dem Tod: „Ich glaube nicht, ich weiß."

In vielen Untersuchungen wurden in den letzten vier Jahrzehnten Nahtod-Erfahrungen zusammengetragen; bekannt ist besonders Raimund Moody. Zu den am häufigsten berichteten Erlebnissen zählt Michael Utsch:

• angenehme Gefühle wie Ruhe, Gelassenheit, Friede (ca. 60 Prozent),
• Außerkörper-Erfahrung mit Beobachtung des eigenen Körpers (ca. 50 Prozent),
• Fliegen durch einen Tunnel (ca. 30 Prozent),
• Lichterscheinungen (ca. 30 Prozent),
• Begegnung mit bereits Verstorbenen (ca. 30 Prozent),
• Lebensrückblick wie ein Lebensfilm (ca. 20 Prozent).

Nur selten wird von negativen Gefühlen wie albtraumartigen Visionen berichtet. Die Berichte über die positiven Erlebnisse können dazu beitragen, die Angst vor dem Sterben zu vermindern, auch wenn sie keine objektiven Erkenntnisse liefern.

Es gibt unterschiedliche Erklärungen für diese Erlebnisse. Skeptiker vermuten, dass sie Ergebnis von neurologischen Vorgängen sind, wobei Hirnfunktionen zur Abwehr von Angst angenehme Gefühle hervorrufen.

Eines ist jedenfalls deutlich: Die konkrete Gestalt der Erfahrungen mit Todesnähe wird mitbestimmt vom kulturellen und weltanschaulichen Hintergrund der Personen. Was sie hinterher erzählen, sind Nach-Interpretationen von körperlichen Ausnahmezuständen. Die Berichte können kein „Nachweis des Himmels" sein. Michael Utsch fasst zusammen: „Auch die moderne Hirnforschung kann keine Einblicke in ein angeblich kulturübergreifendes, paradiesähnliches Jenseits liefern."

Es ist hilfreich, sich an die drei Fragen Immanuel Kants zu erinnern: „Was kann ich wissen? Was soll ich tun? Was darf ich hoffen?"

Wenn wir über die Frage nachdenken. „Was kommt nach dem Tod?", dann geschieht das nicht im Bereich des „Wissens", sondern im Bereich des „Hoffens". Dabei ist allerdings vorausgesetzt, dass das Hoffen sich nicht weniger auf die Wirklichkeit bezieht als das Wissen. Beziehungen sind zum Beispiel nicht weniger wirklich als wissenschaftlich nachgewiesene Fakten.

So können die Forschungsergebnisse über Nahtod-Erfahrungen zwar keine Beweise für ein Leben jenseits der Todesgrenze liefern. Aber sie können Hinweise auf eine Wirklichkeit sein, die anders ist, weiter und größer als die, die gemeinhin in unserer Gesellschaft als Realität gilt. Die Nahtod-Erfahrungen können Hinweise darauf sein, dass die Naturwissenschaften die Möglichkeit für theologische Deutungen der Wirklichkeit offen halten.

Wie sich wissenschaftlich der Himmel nicht nachweisen lässt, so lassen sich umgekehrt theologische Deutungen nicht als falsch beweisen. *Und was ist mit Hölle?*

2006 veröffentlichte der Biologe Richard Dawkins das Buch „The God Delusion" – Der Gotteswahn. Er vertritt die Überzeug, dass jeder Glaube an Gott irrational sei und dass Religion in der Regel negative Auswirkungen auf die Gesellschaft habe; naturwissenschaftliche Erkenntnis führe vom Glauben weg. Mit diesen Aussagen überschreitet Dawkins jedoch genauso die Grenze des Wissens. Denn naturwissenschaftliche Erkenntnis kann nicht behaupten, das Ganze der Wirklichkeit zu erfassen; sondern sie muss Raum lassen für andere Aspekte der Wirklichkeit. So lässt sich die Frage „Was darf ich hoffen?" nicht als „irrational" ausschließen, sondern sie muss offen gehalten werden.

Ergebnisse repräsentativer Umfragen

Die Frage, was nach dem Tod kommt, wird gegenwärtig in Deutschland sehr unterschiedlich beantwortet. „Je älter desto frömmer?" lautete eine der Fragestellungen des Bertelsmann-Religionsmonitors 2008. Dabei wird festgestellt, dass zwar der Anteil der „Hochreligiösen" unter den über 60-Jährigen deutlich größer ist als unter Jüngeren und in der Gesamtbevölkerung; aber für einen hohen Anteil gilt der Satz „Je älter, desto frömmer" nicht (mehr). Am erstaunlichsten ist, dass bei der Glaubensaussage, „dass es ein Leben nach dem Tod gibt", die Zustimmung bei den Älteren deutlich geringer ist, als bei Jüngeren: Bei den 18–29-Jährigen stimmen 41 Prozent dieser Aussage zu, bei den über 60-Jährigen jedoch nur 32 Prozent! Ebenso ist der Anteil, derer, die „gar nicht" an ein Weiterleben nach dem Tod glauben, bei den über 60-Jährigen beinahe doppelt so groß (37 Prozent) wie bei den 18–29-Jährigen (19 Prozent).

Richard Haug

Diese Zahlen lassen vermuten, dass die Hoffnung auf ein Leben nach dem Tod mit zunehmenden Jahren nicht stärker wird, sondern dass die Älteren im Durchschnitt skeptischer werden. Drei- bis viermal so viele ältere wie jüngere Menschen sagen: „Das Leben hat meiner Meinung nach keinen Sinn."

Die Fragestellung des Bertelsmann Religionsmonitors war übrigens nicht auf eine christliche Vorstellung eines Lebens nach dem Tod bezogen, sondern sie lautete: „Wie stark glauben Sie, dass es ein Leben nach dem Tod gibt – zum Beispiel Unsterblichkeit der Seele, Auferstehung von den Toten oder Reinkarnation?" Die genannten Zahlen beziehen sich also auf sehr unterschiedliche Vorstellungen. *Und das Medizin(?)*

Eine Emnid-Umfrage „Was glauben die Deutschen?" hatte schon 1997 ergeben: Wer an Reinkarnation glaubt, findet genau so viel Akzeptanz (25 Prozent) wie jemand, der an die Auferstehung der Toten glaubt. Der Reinkarnationsglaube scheint auch in den Kirchen „einem nicht unerheblichen Teil der Gläubigen mehr einzuleuchten als die christliche Auferstehung", vermutet Christian Ruch. Die Reinkarnations-Vorstellung wird immer populärer. So vermarktete zum Beispiel die „Bild"-Zeitung 2006 eine Reinkarnationserfahrung Hape Kerkelings. Auch hat die Zahl der Filme deutlich zugenommen, in denen Reinkarnationsvorstellungen eine Rolle spielen.

Sind Reinkarnationsvorstellungen mit dem christlichen Glauben vereinbar? – Ein Seitenblick

Man könnte diese Frage sehr schnell beantworten: Die Reinkarnationslehre findet sich nicht in der Bibel und auch nicht in der kirchlichen Tradition. Deshalb ist sie nicht mit dem christlichen Glauben vereinbar. Jedoch meine ich, dass wir nicht so schnell mit der Frage fertig sein sollten. Dazu hier nur einige kurze Hinweise. *doch, 137 Mal*

Zunächst ist festzustellen, dass es keine einheitliche Reinkarnationslehre in den indischen Traditionen gibt. Der volkstümliche Glaube geht davon aus, dass die „Seele" von Körper zu Körper wandert. Was aber ist die „Seele"? Und worin besteht die Kontinuität? Darauf werden unterschiedliche Antworten gegeben, wie etwa von Brück zeigt.

Hinzu kommen die unterschiedlichen Deutungen: In den östlichen Traditionen ist das Ziel die Befreiung aus dem Kreislauf der Wiedergeburten. Im Westen wird dagegen die Wiedergeburt als eine zweite Chance gesehen, damit man es das nächste Mal besser mache (Moltmann, Im Ende).

In diesem Zusammenhang besagt die Karma-Theorie, dass jede Tat und ihre Wirkung einen unauflöslichen Zusammenhang bilden; das gesamte Weltgeschehen erscheint als Netz von Beziehungen, alle Erscheinungen hängen miteinander zusammen. Im Blick auf das Leben eines Menschen bedeutet Karma so etwas wie den Charakter, die Kontur eines konkreten zeitlichen Lebens. Mit dem Tod verändern sich die Materie und auch der Geist, aber die einmal eingeprägten Strukturen bleiben als Potential erhalten, das weiterwirkt. Dieses Potential schafft sich ein neues Leben, einen neuen Körper, einen neuen Geist, der in Kontinuität mit dem alten steht (von Brück).

Die biblische Tradition hingegen sieht den Menschen als einmaliges Geschöpf Gottes. Deshalb wird die Individualität jedes Lebens und die Einmaligkeit des Augenblicks betont.

Allerdings gibt es in der Bibel zugleich so etwas wie ein Karma, das Generationen übergreift: „Ich, der Herr, dein Gott, bin ein eifernder Gott, der die Missetat der Väter heimsucht bin ins dritte und vierte Glied an den Kindern derer, die mich hassen" – jedoch mit einem eindeutigen Übergewicht des Folgenden: – „aber Barmherzigkeit erweist an vielen Tausenden, die mich lieben und meine Gebote halten" (2. Mose 20,5.6).

Karma und christlicher Glaube müssen sich nicht als völlig unvereinbar gegenüber stehen. Christen können von der indischen Sicht lernen und deutlicher wahrnehmen, dass wir nicht isolierte Individuen, sondern Gemeinschaftswesen sind, die mit geprägt sind durch die geschichtlichen Zusammenhänge und Teil der Natur sind. In der christlichen Tradition wurde der Mensch mehr als Gegenüber der Natur verstanden; dies hat mit zur gegenwärtigen ökologischen Krise beigetragen. Allerdings sind wir nicht Produkt eines übermächtigen und unentrinnbaren Schicksals, sondern wir können uns entscheiden, wir haben Gestaltungsmöglichkeiten.

Was das Handeln des Menschen und das Handeln Gottes betrifft, so

Richard Haug

ist Zentrum der biblischen Tradition, dass der Mensch durch die Gnade Gottes erlöst wird. Aus dieser Sicht scheint es, dass im Kreislauf der Reinkarnationen der Mensch selbst das Karma aufarbeiten muss. Aber auch hier ist es nicht so einfach, christlichen Glauben und Reinkarnationslehre schlicht einander gegenüber zu stellen. In der indischen Religionsgeschichte kann der Akzent einmal mehr auf der Selbstanstrengung des Menschen und einmal mehr auf der Hinwendung Gottes zum Menschen zu liegen – ähnlich auch in der Geschichte des Christentums. Typisch für indisches Empfinden ist ein Satz aus den Schriften der Sikhs: „Karman bestimmt, wie man geboren wird, aber durch Gnade öffnet sich das Tor zum Heil" (von Brück).

Anstelle einer schlichten Konfrontation von christlichem Glauben und Wiedergeburtslehre ist ein Dialog die angemessene Form der Auseinandersetzung. Dabei stehen wir erst am Anfang.

Was dürfen wir hoffen?

Der Tod ist die sicherste Gewissheit im Leben: Jeder und jede stirbt einmal. Und doch stehen wir dieser Einsicht oft hilflos gegenüber. Was sagen wir einem Kind, wenn es fragt, wo der Opa oder die Oma ist? Wie sehr sind wir selber bereit über den Tod, über unseren Tod zu sprechen? Schieben wir die Einsicht, dass auch unser Leben begrenzt ist, nicht allzu schnell beiseite?

Das war nicht immer so. Erst in der Neuzeit, also seit wenigen Jahrhunderten, ist der Tod zum „größten Übel" geworden. Zuvor hat er ganz selbstverständlich zum Leben dazu gehört, zusammen mit der Mahnung: memento mori – bedenke, dass du sterben musst. So hatten die Menschen in früheren Zeiten vorsorglich ein weißes Leichenhemd im Schrank liegen. Nun aber wird in den modernen, säkularer werdenden Gesellschaften der Tod zunehmend verdrängt, und die Fähigkeit, darüber zu sprechen, nimmt ab. Angesichts der weit verbreiteten Sprachlosigkeit lohnt es sich, die biblischen Bilder und ihr Hoffnungs-Potential wieder neu zur Sprache zu bringen.

Die Hoffnungsbilder des Neuen Testaments lassen sich nur verstehen als Folge der Erfahrung der Auferstehung Jesu Christi. Die Auferstehung ist grundlegend für den Glauben und das Entstehen der Kirche. Und doch ist die Auferstehung für ein modernes Bewusstsein schwierig.

Man muss sich freilich klar machen: „Ohne das Ereignis, das die ersten Christen die ‚Auferweckung Jesu von den Toten durch Gott' genannt haben, gäbe es kein Neues Testament, keine Kirche, kein Christentum – und keine Kenntnis von Jesus von Nazareth. Ohne die Auferstehung Jesu wüssten wir von Jesus – nichts" *(Moltmann, Sein Name)*. Aber wie ist die Auferstehung vorstellbar? Die Osterberichte der Evangelien machen deutlich: es ist nicht die Wiederbelebung eines Leichnams, auch eine bloße Seelenwanderung wird ausgeschlossen. Jesus ist leib-haft auferstanden, als lebendige Gestalt. Offensichtlich fehlen geeignete Kategorien für die Wahrnehmung dessen, was geschehen ist. In allen Berichten bis hin zu Paulus wird erzählt, dass Jesus Christus Menschen „erschienen" ist.

Was historisch wahrnehmbar ist, sind unzweifelhaft die Folgen. Aus verängstigten Jüngern, die an Karfreitag geflohen sind, werden Menschen, die neuen Mut fassen und die sich beauftragt wissen, das Evangelium von Jesus weiterzusagen. In wenigen Jahrzehnten verbreitet sich der christliche Glaube im ganzen römischen Reich.

Das ursprüngliche christliche Bekenntnis lautet: „Jesus ist der Herr!" (Römer 10,9). Das bedeutet nicht nur, dass die Herrschaft der Mächtigen, etwa des römischen Kaisers, relativiert wird. „Der Tod ist verschlungen in den Sieg", heißt es in einem ersten Osterlied der Urchristenheit, das Paulus im 1. Korintherbrief 15,55 zitiert. Jesus Christus ist der Herr auch über den Tod. Von daher verstehen die Christen die Wirklichkeit neu: Sie sind „neue Schöpfung" (2. Korinther 5,17) inmitten dieser vergänglichen Welt.

Bilder der Hoffnung

Was wir hoffen dürfen, ist in der Bibel nicht in einem systematischen Lehrgebäude zu finden, sondern in unterschiedlichen Bildern und Vorstellungen, die einander ergänzen. Sie laden ein zu einem Vertrauen, das auch über den Tod hinaus tragen kann.

Richard Haug

DAS SAMENKORN – VERWANDLUNG DES LEIBES

Es bleibt im ewigen Leben nicht nur eine Seele, sondern der ganze Mensch wird auferstehen, aber nicht in irgendeiner Form von Wiederbelebung. Die Identität bleibt, aber sie wird verwandelt.

Paulus veranschaulicht das im Bild des Samenkorns:

„Es könnte aber jemand fragen: Wie werden die Toten auferstehen und mit was für einem Leib werden sie kommen? Du Narr: Was du säst, wird nicht lebendig, wenn es nicht stirbt. Und was du säst, ist ja nicht der Leib, der werden soll, sondern ein bloßes Korn, sei es von Weizen oder etwas anderem. Gott aber gibt ihm einen Leib, wie er will, einem jeden Samen seinen eigenen Leib. ... So (ist) auch die Auferstehung der Toten. Es wird gesät verweslich und wird auferstehen unverweslich. Es wird gesät in Niedrigkeit und wird auferstehen in Herrlichkeit. Es wird gesät in Armseligkeit und wird auferstehen in Kraft. Es wird gesät ein natürlicher Leib und wird auferstehen ein geistlicher Leib." (1. Korinther 15,35–44)

Das Bild vom Korn sagt: Wie das Korn seine Gestalt aufgibt, aber sich nicht in Nichts auflöst, so ist es auch mit dem Menschen, aber nicht als naturhafter Vorgang, sondern als Handeln Gottes, der das Nichtseiende ins Leben ruft (Römer 4,17). Nicht die Unsterblichkeit der Seele wird hier behauptet, sondern die Hoffnung richtet sich auf Gott, der den ganzen Menschen auferwecken wird. Auch wenn der Körper im Grab verwest oder im Krematorium verbrannt wird, der Leib, also das gelebte Leben wird verwandelt.

LIEBE ALS BLEIBENDE BEZIEHUNG

Besonders im Johannesevangelium wird „glauben" als „in Beziehung sein" verstanden. Jesus sagt: „Wahrlich, wahrlich, ich sage euch: Wer mein Wort hört und glaubt dem, der mich gesandt hat, der hat das ewige Leben und kommt nicht in das Gericht, sondern er ist vom Tode zum Leben hindurchgedrungen" (Johannes 5,26).

„Ewiges Leben" meint hier nicht ein Leben nach dem Tod, sondern ein Leben in Beziehung zu Jesus, das jetzt beginnt und das den Tod überdauert. Die Liebe ist eine Kraft der Beziehung, die stärker ist als der Tod, die also der Tod nicht zerstören kann. So sagt Jesus: „Ich bin die Auferstehung und das Leben. Wer an mich glaubt, der wird leben, auch wenn er stirbt; und wer da lebt und glaubt an mich, der wird nimmermehr sterben" (Johannes 11,25.26). Ähnlich sagt es Paulus: „Ich bin gewiss, dass weder Tod noch Leben, weder Engel noch Mächte noch Gewalten, weder Gegenwärtiges noch Zukünftiges, weder Hohes noch Tiefes noch eine andere Kreatur uns scheiden kann von der Liebe Gottes, die in Christus Jesus ist, unserm Herrn" (Römer 8,38.39).

Von dieser Liebe aus gesehen ist es nicht sinnvoll, sich ein „Diesseits" und ein „Jenseits" als getrennte Bereiche vorzustellen, sondern die Wirklichkeit als eine einzige. Die Welt ist nicht geteilt, sondern ein Ganzes. Dann betreten wir nach dem Tod nicht eine andere Welt, sondern einen mit unserer hiesigen Welt dicht zusammenhängenden größeren Raum, in dem gilt, was hier gegolten hat, in dem wir aber der Wahrheit dieser Welt näher kommen. Wenn gilt, dass Gott Liebe ist, und wenn, wie wir folgern dürfen, die Liebe der einzige und wirkliche Sinn unseres Lebens ist, dann endet Liebe nicht mit dem Tag des Todes. Wie das aber zugehen mag, das überlassen wir dem Tag, an dem wir es erleben werden, schlussfolgert Jörg Zink.

GOTT WIRD ABWISCHEN ALLE TRÄNEN

In der Offenbarung schreibt der Seher Johannes (21,1-4): „Und ich sah einen neuen Himmel und eine neue Erde; denn der erste Himmel und die erste Erde sind vergangen, und das Meer ist nicht mehr. Und ich sah die heilige Stadt, das neue Jerusalem, von Gott aus dem Himmel herabkommen, bereitet wie eine geschmückte Braut für ihren Mann. Und ich hörte eine große Stimme von dem Thron her, die sprach: Siehe da, die Hütte Gottes bei den Menschen! Und er wird bei ihnen wohnen, und sie werden sein Volk sein und er selbst, Gott mit ihnen, wird ihr Gott sein; und Gott wird abwischen alle Tränen von ihren Augen, und der Tod wird nicht mehr sein, noch Leid noch Geschrei noch Schmerz wird mehr sein; denn das Erste ist vergangen."

Aus Sicht des christlichen Glaubens geht es bei der Frage, was nach dem Tod sein wird, weniger um die individuelle Hoffnung als um eine

Richard Haug

universale Hoffnung, die auf einen neuen Himmel und eine neue Erde gerichtet ist und die ganze Schöpfung umfasst. Wenn hier verkündet wird, dass das Leiden ein Ende haben wird, so ist das keine Vertröstung auf ein fernes Jenseits. Das Bild einer neuen Welt, in der alle Tränen abgewischt werden, befähigt schon jetzt zu einem Handeln, das sich nicht mit dem Leiden abfindet. Die kommende große Veränderung ermöglicht schon jetzt konkrete kleine Schritte der Veränderung, ohne der Illusion zu erliegen, alles Leiden abschaffen zu können.

DIE GANZE SCHÖPFUNG WIRD ERLÖST

Dass sich die Hoffnung nicht nur auf das individuelle Schicksal bezieht, sagt auch Paulus: „Die Schöpfung ist ja unterworfen der Vergänglichkeit, ...doch auf Hoffnung; denn auch die Schöpfung wird frei werden von der Knechtschaft der Vergänglichkeit zu der herrlichen Freiheit der Kinder Gottes. Denn wir wissen, dass die ganze Schöpfung bis zu diesem Augenblick mit uns seufzt und sich ängstet" (Römer 8,20-22).
Das Seufzen der Kreatur, der ganzen Schöpfung, wird ein Ende haben. Die außermenschliche Schöpfung, das Irdisch-Materielle wird also nicht abgewertet zugunsten des Spirituellen. Die christliche Hoffnung meint nicht nur den Menschen. Glaube führt nicht in die Weltflucht, sondern die Hoffnung schließt die ganze Welt ein. Die Hoffnung auf die Erlösung der ganzen Schöpfung sieht nicht tatenlos zu, wie heute Schöpfung geschädigt oder zerstört wird, sondern motiviert dazu, die Schöpfung zu bewahren.

UNRECHT UND LEID WERDEN NICHT VERGESSEN: DAS JÜNGSTE GERICHT

Die Vorstellung vom Jüngsten Gericht war – besonders im ausgehenden Mittelalter – mit der Furcht vor ewiger Verdammnis verbunden. Als Gegenreaktion auf diese angstmachende Wirkung ist das Jüngste Gericht weitgehend aus der christlichen Verkündigung verschwunden. Dabei droht die eigentliche Aussage dieses Bildes verloren zu gehen: Die Gewalttäter werden am Ende nicht über die Opfer triumphieren, sondern es wird umfassende Gerechtigkeit geben.

So erzählt Jesus das Gleichnis vom reichen Mann und dem armen Lazarus (Lukas 16,19-31). Der Reiche, der sich nicht um den Armen gekümmert hat, findet sich nach seinem Tod in der Hölle vor: „Als er nun in der Hölle war, hob er seine Augen auf in seiner Qual und sah Abraham von ferne und Lazarus in seinem Schoß. Und er rief: Vater Abraham, erbarme dich meiner... Abraham aber sprach: Gedenke, Sohn, dass du dein Gutes empfangen hast in deinem Leben, Lazarus dagegen hat Böses empfangen; nun wird er hier getröstet und du wirst gepeinigt. ... Da sprach er: So bitte ich dich, Vater, dass du ihn sendest in meines Vaters Haus; denn ich habe noch fünf Brüder, die soll er warnen, damit sie nicht auch kommen an diesen Ort der Qual. Abraham sprach: Sie haben Mose und die Propheten; die sollen sie hören. Er aber sprach: Nein, Vater Abraham, sondern wenn einer von den Toten zu ihnen ginge, so würden sie Buße tun. Er sprach zu ihm: Hören sie Mose und die Propheten nicht, so werden sie sich auch nicht überzeugen lassen, wenn jemand von den Toten auferstünde."

Jesus nimmt das gängige Bild von der Hölle auf und stellt es in den Dienst seiner Verkündigung: Er ruft zu einem gerechten Handeln auf.

Heinrich Bedford-Strohm hat das so erläutert: Am besten lassen sich die Gerichtstexte der Bibel im Vergleich mit Warnschildern im Verkehr verstehen. Zum Beispiel zeigt das Warnschild „Vorsicht Schleudergefahr" ein Auto, das gerade ins Schleudern geraten ist. Dieses Schild steht natürlich nicht am Straßenrand, damit die Autos ins Schleudern geraten, sondern damit sie sicher durch die kurvenreiche Strecke kommen und die Autofahrer am Leben bleiben. Die biblischen Texte wollen mit den Bildern vom ewigen Feuer und der Hölle gerade verhindern, dass die Menschen so leben, dass das Leben zur Hölle wird.

Was Jesus sagt, ist nicht ein Tatsachenbericht, sondern ein Gleichnis! Es gibt nicht Auskunft über das, was später einmal geschehen wird, sondern es verdeutlicht den Ernst der gegenwärtigen Entscheidung. Bilder von der Hölle wollen gerade nicht die Tatsache einer Hölle feststellen, sie wollen nicht festschreiben, sondern zur Umkehr rufen.

Das Bild vom Jüngsten Gericht und vom ewigen Feuer lässt sich sogar als Hoffnung für die Täter des Unrechts verstehen: Die Geschichte Gottes mit dem Menschen – so sieht es Jürgen Moltmann (Im Ende – der Anfang) – geht auch nach dem Tod weiter. Es bleibt Raum für die Läuterung auch des schlimmsten Sünders. Das Licht der ewigen Liebe zieht die Menschen zu Gott. „Das Feuer der ewigen Liebe verbrennt alles, was Gott widerspricht und die Seele von Gott trennt."

EIN FEST OHNE ENDE

Schon in den apokalyptischen Texten des Alten Testaments wird das Bild eines Festmahls gezeichnet: „Und der Herr Zebaoth wird auf diesem Berge allen Völkern ein fettes Mahl machen, ein Mahl von reinem Wein, von Fett, von Mark, von Wein, darin keine Hefe ist" (Jesaja. 25,6). Ein fettes Mahl – das war in jenen Zeiten, in denen der Hunger immer wieder erfahren wurde, ein kaum zu überbietendes Hoffnungsbild: Es gibt mehr als genug. Lebensfülle wird real erfahren. Man muss sich nicht mehr Sorgen machen. Gott selbst wird der Gastgeber sein und die Menschen aller Völker werden Gäste sein, sie werden fröhlich beieinander sein in versöhnter Verschiedenheit.
Ebenso erzählt Jesus in Gleichnissen von einem festlichen Mahl, etwa im Gleichnis vom großen Abendmahl (Lukas 14,15-24). Das Gleichnis hat seine Pointe darin, dass alle eingeladen sind, gerade auch die Benachteiligten: Menschen mit Behinderung, Arme ohne festen Wohnsitz. Niemand ist ausgeschlossen. Allerdings gibt es auch einen Nebenaspekt: Diejenigen, die zuerst eingeladen werden, sagen ab. Sie sind zu sehr beschäftigt, sie haben scheinbar Wichtigeres im Sinn. Man kann also auch das Fest verpassen. Wichtig aber ist: Der Herr im Gleichnis lässt es sich nicht nehmen, das Fest zu feiern. Zu einem solchen Fest gehören Musik und Tanz (Lukas 15,25). Jesus verkündet keine Drohbotschaft, sondern eine Frohbotschaft. Und die Festfreude ist nicht erst Zukunftsmusik. Schon jetzt feiert Jesus mit Menschen, die in der Gesellschaft nichts gelten. Gemeinsam an einem Tisch zu sitzen, das ist in der damaligen Kultur Zeichen von gelingender Gemeinschaft, von gegenseitiger Akzeptanz. So werden Menschen bei diesen Tischgemeinschaften heil. „Heute ist diesem Hause

Heil widerfahren", sagt Jesus dem Oberzöllner Zachäus (Lukas 19,9) – Heil, dem der Tod nichts anhaben kann.

Wenn heute in Gottesdiensten das Abendmahl beziehungsweise die Eucharistie gefeiert wird, dann ist das sowohl eine Vergegenwärtigung der Tischgemeinschaften Jesu als auch ein Vorschein des zukünftigen Freudenmahls.

„VON ANGESICHT ZU ANGESICHT"

Die wohl tiefste Sehnsucht und Hoffnung der Menschen spricht Paulus im Hohen Lied der Liebe an (1. Korinther 13,10.12): „Wenn aber kommen wird das Vollkommene, so wird das Stückwerk (das Bruchstückhafte) aufhören. Wir sehen jetzt durch einen Spiegel (der nur undeutliche Umrisse zeigt) ein dunkles Bild; dann aber von Angesicht zu Angesicht. Jetzt erkenne ich stückweise; dann aber werde ich erkennen, wie ich erkannt bin." Nichts Trennendes steht mehr dazwischen. Es ist keine Anstrengung mehr, nur noch reines Glück. Alle Widersprüche sind aufgelöst. Verstehen und Verstanden-Werden gelingt. Wahrheit scheint auf.

„Von Angesicht zu Angesicht": Der Mensch, den Gott zu seinem Bilde, als sein Gegenüber geschaffen hat, gelangt so zu seiner eigentlichen Bestimmung. Er geht nicht in einem umfassenden Ganzen einfach auf, sondern er hat sozusagen ein unverwechselbares, einmaliges Angesicht. Was Paulus hier als die höchste Form der Vollendung benennt, ist nichts Spektakuläres, sondern die überwältigende Erfahrung. „Von Angesicht zu Angesicht" ist zugleich eine zutiefst menschliche Erfahrung, vergleichbar mit der, wie eine Mutter liebevoll ihr Kind anblickt und das Kind zurücklacht. Jede beglückende Erfahrung des unmittelbaren Erkennens und Erkannt-Werdens ist ein Vorschein des endgültigen „von Angesicht zu Angesicht".

Was kommt vor dem Tod?

Die meisten Menschen, die eine Nahtod-Erfahrung hatten, verstehen ihr Leben neu. Sie haben das Gefühl von einem erfüllteren, wesentlicheren Leben. Manches, was bisher wichtig war, wird auf einmal unwichtig. Es kommt nicht mehr so sehr darauf an, sich eigene Vorteile zu verschaffen, gar auf Kosten anderer. Beziehungen und Gemeinschaft erhalten einen höheren Stellenwert. Die Nahtod-Erfahrung prägt das Leben jetzt und hat eine orientierende, nachhaltige Wirkung.

Wer sich die Frage stellt: „Was kommt nach dem Tod?" und die biblischen Hoffnungsbilder neu entdeckt, wird zwar keine so starken Erfahrungen haben wie die Nahtoderlebnisse. Aber doch können aus dem Bedenken dieser Bilder Impulse kommen, die das Leben jetzt verändern. Deshalb ist es sinnvoll, über einzelne Hoffnungsbilder nachzudenken und sie zu meditieren.

Dabei wird uns immer wieder deutlich werden, dass es nicht sinnvoll ist anzunehmen, dass es zwei Wirklichkeiten gibt: eine vor und eine nach dem Tod. Der christliche Glaube geht davon aus, dass „diesseits" des Todes nicht ganz andere Gesetze herrschen als „jenseits" dieser Grenze. Freilich begegnet uns in der gegenwärtigen Welt viel Leid und Unrecht, das wir nicht erklären können. Es gibt viele Rätsel, die wir nicht lösen können. Aber gerade in der Bruchstückhaftigkeit unseres Lebens und dieser Welt ist es wichtig, sich an dem zu orientieren, was wir als Ziel dieser Welt erahnen. Die Hoffnungsbilder können in uns die Kräfte der Liebe, der Wahrheit und der Gerechtigkeit stärken, uns eine befreiende Erkenntnis eröffnen.

Es geht also nicht darum, dass wir „wissen", was nach dem Tod kommen wird, sondern darum, dass die Hoffnungsbilder ihre orientierende Kraft entfalten. Der weite Horizont dieser Bilder kann uns davor bewahren, nur kurzatmig zu leben. Wir können in ihrem Licht unseren Auftrag, wozu wir in dieser Welt sind, deutlicher erkennen: Worauf kommt es an? Was soll noch werden? Das Lied 680 aus dem Evangelischen Gesangbuch für Württemberg singt von diesem Licht: „Ewigkeit, in die Zeit leuchte hell hinein, dass uns werde klein das Kleine und das Große groß erscheine."

II Suche nach spirituellen Ritualen

Wegmarken suchen, entdecken, verinnerlichen

Glaube, der sich wandelt

Spirituelle Einbrüche, Umbrüche und Aufbrüche

Wolfgang Vorländer

Über Jahrhunderte gaben die Kirchen ihren Gläubigen vor, was zu glauben sei. Heute finden wir das problematisch, auch wenn es immer noch den Lutherischen Katechismus gibt oder den katholischen Weltkatechismus. Doch sollte man mit einem solchen Urteil vorsichtig sein: In Zeiten von Analphabetismus oder Bildungsarmut besaß diese Form der Glaubensvermittlung auch eine enorme Bildungsfunktion. Außerdem war anders so etwas wie eine Gemeinschaftsreligion und Religionsgemeinschaft gar nicht herstellbar.

Ein Spaziergang durch den Garten des Glaubens

Aber die Zeiten haben sich geändert, und das ist gut so. Das, was wir Glauben nennen, ist ehrlicher geworden, allerdings nicht einfacher. Seit der Aufklärung und dem Siegeszug der Naturwissenschaften ist es nicht mehr selbstverständlich, überhaupt an einem Gottesglauben festzuhalten. Oder es waren politische Regime wie das Dritte Reich oder der SED-Staat, die dem religiösen Glauben erfolgreich den Garaus machten und zu einer spirituellen Versteppung ganzer Gesellschaftsbereiche beigetragen haben. Und so müssten wir, wenn wir uns auf unseren Spaziergang durch den Garten menschlicher Glaubenshaltungen machen, beginnen mit jenen Menschen, für die das Vertrauen in Gott nicht mehr erschwinglich ist oder die daran jedes Interesse verloren haben. Ich meine, es käme darauf an, genau hinzuschauen, und zwar nicht nur mit einem kritischen Blick, sondern auch mit Augen und Ohren, die verstehen und im Zweifelsfall immer der Güte und der Empathie den Vortritt lassen.

Zunächst weisen die vielen verschiedenen Begriffe wie „Unglaube",

„Nicht-glaube", „Atheismus", „Säkularismus", „Agnostizismus", „Kirchendistanz" bereits darauf hin, dass die Gesichter des Nichtglaubens so vielfältig sind wie die der religiösen Einstellungen auf der anderen Seite. Ebenso wichtig ist die Feststellung, dass da, wo ein bestimmter kirchlich geprägter Glaube aufhört, nicht sozusagen „der Unglaube beginnt". Man wird nämlich ganz unter-schiedlichen „Atheismus"-Typen begegnen, die unter Umständen gar nichts gemein haben. Nicht zu bestreiten ist, dass es in unserer Gesellschaft einen bequemen, gedankenlosen und vulgären Atheismus gibt, einen „Ego-Trip-Atheismus". Daneben gab und gibt es natürlich auch einen ideologischen Atheismus. Aber es gibt auch das, was ich als Enttäuschungs- oder Verzweiflungsatheismus bezeichne. Es handelt sich um Menschen, die nicht mehr glauben können. Bei der Kriegsgeneration lag das an traumatischen Kriegserlebnissen; heute ist es das Problem von Leid und Unrecht im Weltmaßstab, das jedes Vertrauen in ein gutes göttliches Weltregiment pulverisiert. Sodann gibt es eine Art von Abgrenzungsatheismus. Er wendet sich nicht vornehmlich gegen Gott, sondern gegen jede Form von religiösem Fundamentalismus, Fanatismus und Absolutismus, gegen wissenschafts-feindliche Ignoranz und modernen Aberglauben. Und schließlich sehe ich auch einen intellektuell-„demütigen" Atheismus, der aus ernsthafter Betrachtung heraus zu dem Ergebnis kommt: Wir brauchen Gott nicht mehr als Erklärungshypothese, denn mit Gott lässt sich gar nichts erklären. Wir brauchen Gott auch nicht, um glücklich zu sein oder um uns mitmenschlich zu verhalten. Lieber ehrlich nicht glauben, als sich etwas vorzumachen.

Vielleicht gehört auch das zum spirituellen Reifungsprozess in der zweiten Lebenshälfte oder im Verlauf des Älterwerdens, dass glaubende und nichtglaubende Menschen voreinander das Visier hochklappen, einander zuhören und verstehen wollen, so dass jeder dem anderen seine Biografie des Glaubens oder der Glaubenszweifel erzählen kann, ohne sich rechtfertigen zu müssen.

Unser Spaziergang setzt sich fort: hinüber zu den Blumenbeeten, Lauben und Rabatten, wo Glaube (noch) zu gelingen scheint. Wo er als das Selbstverständlichste der Welt gilt – und vielleicht sogar als das Kostbarste, das das Leben für uns bereithält. Wo Menschen ein-

Wolfgang Vorländer

gebunden sind in eine tragende Gemeinschaft gemeinsamer religiöser Traditionen und Überzeugungen. Wo ein neuer spiritueller Aufbruch junge Menschen begeistert und beflügelt. Oder wo Menschen Zuflucht suchen in eher abgeschotteten Kreisen, weil sie ihnen Halt bieten und Wärme spenden in einer spirituell kalten Gesellschaft. Wo die katholische Kirche noch das Gefühl von „Mutter Kirche" vermittelt und der Papst wie eine Art Schutzheiliger des Glaubens inmitten von Skeptizismus und Wissenschaftsgläubigkeit verehrt wird. Oder wo freikirchliche Gemeinschaften einem die Sicherheit einer geistlichen Familie vermitteln. Es gibt in diesem Garten glaubende Menschen, die mit wenig zufrieden sind, und jene, die gar nicht darauf kommen, dass jede Glaubensüberzeugung auch verstanden, durchdacht und geprüft werden sollte.

Aber es gibt auch jene, die nicht nur mitgehen, mitmachen oder mitschwimmen wollen, weil ihnen nämlich Authentizität in Glaubensfragen wichtiger ist als Konformität; die das Gefühl haben, im Laufe ihres Lebens verändere sich auch manches, was ihnen als geistliches Lebensfundament mitgegeben wurde oder worauf sie sich stets verlassen haben. Mit denen, die so empfinden, möchte ich mir nun im Garten des Glaubens (und des Nicht-Glaubens) ein stilles Plätzchen suchen, damit wir miteinander reden können!

Suche, Erkundungen und Umwege

Das Herauswachsen aus dem, was nicht mehr „passt", gilt ganz wesentlich auch für unser Glaubensleben, unsere Glaubensvorstellungen und Gottesbilder sowie für die Gestalt unserer Gottesbeziehung. Ja, auch jemand, der aus Gründen der Redlichkeit einen „tapferen Atheismus" meint vertreten zu müssen, kann sich auf einer spirituellen Reise befinden. Nicht dass er oder sie doch wieder am Ufer des kirchlichen Glaubens landet und reumütig das ehrwürdige Glaubensbekenntnis aufsagt. Es kann aber die Zeit kommen, wo man sich seiner Gottesabsage nicht mehr so sicher ist. Vielleicht stellt sich die Ahnung ein, dass wir doch in einem grundsätzlichen Sinn von einem Geheimnis umgeben sind, das größer ist als wir und unsere Erkenntnisse.

Was für ein wunderbares Abenteuer es ist, wenn man immer wieder die Lust verspürt, innerlich aufzubrechen und nicht an dem festzuhängen, was man selbst einmal geglaubt, gesagt, gemeint oder anderen „gepredigt" hat. Das bezieht sich gerade auf unsere Vorstellungen von Gott, wo wir niemals so viel gefunden oder erkannt hätten, dass es nicht noch viel mehr gibt, was wir nicht wissen und allenfalls suchen können. Schweigen, Fragen, Suchen und Staunen erscheinen mir in dieser Angelegenheit als die angemessene Grundhaltung im dritten oder vierten Lebensquartal.

Wir müssen uns klar machen, dass es nicht nur die Biografie unseres Lebensverlaufs gibt, sondern auch die Biografie unseres Glaubens (einschließlich unseres Unglaubens, Aberglaubens und Kleinglaubens). Glaube darf sich wandeln und muss sich wandeln! Viele religiöse, fest im Glauben verankerte Menschen verstehen das nicht. Sie sind so geprägt worden, dass man sich im Blick auf Gott eine Reihe von Fragen gar nicht gestatten darf. Und andere sind so in ihrer kirchlichen Gruppe oder Gemeinde verhaftet geblieben, dass es ein Risiko gewesen wäre, religiös „querzudenken" – man hätte sich schnell zum Außenseiter gemacht. Denn wir Menschen denken in der Regel nicht „gegen" die Gruppe, die uns trägt oder in der wir unsere wichtigsten Beziehungen pflegen.

Der Preis, den wir dafür zahlen, ist, dass sich ein ganz persönlicher, unverwechselbarer Glaube gar nicht richtig entwickeln kann: Wir glauben, was die anderen glauben; schließlich möchten wir Teil der Gemeinschaft sein und bleiben. Aber was, wenn Gottes Stimme nicht vernehmbar ist, ohne dass wir auch in uns hineinlauschen?! Wenn wir Gottes Stimme nicht auch in unserem eigenen Innersten zu vernehmen wagen?! Nicht, dass wir über eine eigene, private Offenbarungsquelle verfügen und auf die großen gemeinschaftlichen Erzähltraditionen des Glaubens (aller Religionen) verzichten könnten! Aber sollte Gott, wenn es ihn denn gibt und er zu uns zu sprechen vermag, sich nur „äußerlich" äußern und nicht auch „innerlich"?

Ich kann mir jedenfalls nicht vorstellen, dass der Glaube an Gott irgendeinen Sinn haben kann, wenn er uns nicht zu etwas Ur-Eigenem wird. Darf nicht gerade in geistlichen Fragen Echtheit und Authentizität gelebt werden? Sollte mir Gott nicht meine ganz unverwechsel-

Wolfgang Vorländer

bare Art und Weise zugestehen, wie ich auf das antworte, was ich als seinen Ruf vernehme – oder was ich als sein Schweigen erleide?

Mein „ureigener" Glaube, der gehört keiner theologischen Prüfinstanz unterstellt, der muss mit keinem Dogma gänzlich übereinstimmen, der benötigt kein kirchliches Zertifikat. Dieser Glaube, zu dem ich im Laufe meines Lebens fähig bin, mal mehr und mal weniger, und der mich zu einer Zeit mit Gewissheit erfüllte und zu einer anderen Zeit mit schmerzhaften Fragen und Zweifeln – dieser ureigene Glaube ist ja nichts anderes als die Resonanz meines gesamten bisherigen Lebens auf die Erfahrungen, die ich gemacht habe.

Es sind meine Erfahrungen, meine Blindheiten so gut wie die seltenen Augenblicke eines „Durchblicks", in denen ich für einen Moment alles wie in einem weltüberlegenen Licht wahrnahm, um freilich danach doch wieder in den Niederungen des Normalen zu landen.

Ich bin in meinem Leben immer wieder Menschen begegnet, die irgendwann „zurückkamen" zum christlichen Glauben. Aber mit ebenso großer Faszination habe ich mir erzählen lassen von ihrer spirituellen Reise davor. Dazu gehörte vielleicht, dass sie in jungen Jahren dem religiösen Glauben radikal die Tür wiesen. Dazu gehörte vielleicht die Erkundung anderer Religionen, womöglich der offizielle Übertritt zum Buddhismus oder ein „esoterischer Trip", der es in sich hatte. Waren das alles nur Fehler, Dummheiten oder „Sünden"?

Ich denke: Wären doch viele von denen, die den Stall der eigenen religiösen Umgebung nie verlassen, aber Religion auch nie als ihr Eigenes entdeckt haben, einmal zu ein paar solcher kreativen (oder verzweifelten) Umwege und Suchbewegungen bereit gewesen!

Ein „Glaube ohne Umwege" ist oft allenfalls trivial oder traditionell, vielleicht auch nur opportunistisch, jedenfalls selten originell und noch seltener ausstrahlungsstark.

Es gibt Antworten, die wir nicht mehr benötigen

Ein gereifter Glaube verzichtet auf Antworten, die keine sind. Man hat ohnehin erfahren, dass für einen wachsamen, einen „spirituell erwachten", ehrlichen und nachdenklichen Menschen, auch wenn er sich als Christ oder Christin versteht, sich im Lauf des Lebens die Zahl der Fragen vermehrt und die der Antworten verringert. Und irgendwann findet man das nicht einmal mehr beunruhigend, sondern befreiend. Der Weg bis zu diesem Punkt kann jedoch bisweilen schmerzhaft sein – so wie jede Geburt mit Schmerz und Bedrängnis verbunden ist. Derzeit ist zumindest in den westlichen Gesellschaften zu beobachten, dass religiös gebundene Menschen sich vor Fragen gestellt sehen, die sich früher nur notorische Zweifler und Querulanten zu stellen getraut hätten.

Etwa: Wie sollen wir die Welt als Schöpfung Gottes verstehen, wenn wir wissen, dass die Evolution keinen „Masterplan" kennt? – Doch vielleicht müssen wir lernen, uns vorzustellen, dass Gott das, was wir seine Schöpfung nennen, einem freien Spiel von Möglichkeiten und einem offenen Prozess überlässt – und gerade dieser Prozess etwas von Gottes Geist spiegelt!

Oder: Haben wir angemessen von Gott gedacht, als wir ihn zu einseitig theistisch dachten, nämlich als eine Art von XXL-Individuum, das alles kann und weiß und jeder Zeit von außen einzugreifen vermag? Ist Gott vielleicht mehr? Ist er anders?

Oder: Welche Schlüsse ziehen wir daraus, dass das jüdisch-christliche Gottesverständnis zwar lehrt, dass Gott in der Weltgeschichte handle, sich dort offenbare und die Dinge nach seinem Plan steuere, aber wir nicht die geringste Logik darin zu erkennen vermögen, wenn es sich tatsächlich so verhält! Das Weltgeschehen scheint alles zu bestätigen, nur nicht einen Gott, der es nach dem Maß seiner Liebe und Gerechtigkeit gestaltet.

Oder: Wie gehen wir damit um, dass die Zeiträume und Zeitvorstellungen der Bibel uns wie aus einer Kindergartenfibel anmuten? Wir aber können nicht mehr die Generation von Adam bis Jesus aufzählen, zusammenrechnen und damit das Alter der Weltgeschichte bestimmen. Das Universum ist mehr als 13 Milliarden Jahre alt, Leben auf der Erde vielleicht 2,5 Milliarden Jahre; die ersten Frühmenschen gab es vor über fünf Millionen Jahren, den homo erectus vor zwei Millionen Jahren und unsere Spezies seit etwa hunderttausend Jahren.

Und ebenso wenig können wir die Überzeugung der ersten Christen teilen, es handele sich um eine kurze Frist, bis Christus wiederkomme und der Jüngste Tag anbreche. Stattdessen fragen wir: Erlebt die Menschheit ihren Jüngsten Tag in Gestalt eines globalen ökologischen Holocaust? Oder ist das Ende gekommen, wenn die Sonne in 5,6 Milliarden Jahren um weitere zehn Prozent an Leuchtkraft zugenommen haben wird und alles Leben auf der Erde unmöglich geworden ist?

Im Glauben „erwachsen werden" – sollte und dürfte das nicht heißen: Sich von derlei Fragen nicht aus der Ruhe bringen zu lassen, sondern sich ihnen tapfer und demütig zu öffnen, um zu bekennen: Offenbar lernen wir immer noch dazu und wissen zugleich immer mehr, was wir nicht wissen!

Je mehr die Wissenschaften voranschreiten, desto weniger haben wir das Gefühl, Kundige zu sein, am wenigsten jedoch Gotteskundige! Könnte aber nicht gerade diese Erfahrung etwas Tröstliches, Heilsames und Befreiendes haben? Würden wir darüber nicht erkennen, was wir wirklich sind, nämlich Menschen und keine Halbgötter?

Weiter: Sind wir vielleicht an einem wichtigen Punkt angelangt, nämlich dem, dass ein stimmiger und tragfähiger Glaube seinem Wesen nach nicht „Wissen um Gott" ist, sondern „Liebe zu einem Geheimnis". Ich würde das als christliche Mystik bezeichnen – und meine damit etwas ungemein Intimes und Lebendiges. Während Gott vielfach noch „benutzt" und „gebraucht" wird für die Lücken, Verlegenheiten und Schwachstellen unserer Existenz, haben alle großen Mystiker erfahren und gelehrt: Gott ist nicht „zum Gebrauch" bestimmt, sondern er ist einzig der Ort und das Gegenüber einer Liebe, die nach Austausch verlangt. Vielleicht ist es am Ende ein fast wortloses, demütiges und freies Hineingehen wie in ein „Heiligtum der Liebe".

Das Reifen eines ehrlichen, erwachsenen und authentischen Glaubens hat bei manchen nachdenklichen Christen zur Folge, dass ihr Beten mit weniger Worten auskommt, wenn sie überhaupt Worte noch für tauglich halten. Vor allem sind sie vorsichtig mit langen „Wunschzetteln an den lieben Gott". Vielleicht genügt ihnen ein „Herr, erbarme dich" – oder „Gott, du siehst alle Dinge!" – oder „Gott, ich liebe dich!" – oder „mein ganzes Leben singt Dir Dank!". Für sie bedeutet Beten jetzt vor allem: Sich Gott hinhalten. Man mag sich dabei an das Wort des evangelischen Mystikers Gerhard Tersteegen erinnern: „Schweigt dem Herrn!" Einen solchen Glauben, ganz bescheiden geworden, still und ehrlich, könnte man als „Schwarzbrot-Glauben" bezeichnen. Und zugleich hat er etwas Festliches oder Adventliches. Seine Schönheit liegt im Einfachen, in einer tiefgründigen Schlichtheit. Von Frère Roger aus Taizé dazu dieses Gebet:

> *Christus, Liebe aller Liebe,*
> *du hast unser Herz für dich eingenommen.*
> *Und weil deine Liebe Verzeihen ist,*
> *lebt unser hart geprüftes Herz auf.*
> *Deine Vergebung und dein Erbarmen*
> *wird zum inneren Licht*
> *in einem ganz einfachen Herzen –*
> *und ein Lebenshauch kommt auf,*
> *der nie verweht.*
> *Und dieses Wenige genügt uns.*

Man kann nicht gut „bei Gott" sein, wenn man schlecht „bei sich selbst" ist

Einmal habe ich einem alten Menschen, der sich mit allzu viel Grübeln über Gott und den rechten Glauben plagte, geschrieben, dass er vermutlich das „Elia-Prinzip" kenne. Da kommt Gott bzw. ein Engel Gottes zu dem lebensmüde gewordenen, tief angefochtenen Propheten Elia, um dafür zu sorgen, dass Elia erst einmal ausgiebig schläft und isst! Das sollte man wörtlich nehmen, allerdings auch nicht zu wörtlich. Für mich bedeutet diese Weisheit, dass unser spirituelles Leben vor Gott immer eine ganz „materielle" Seite benötigt, und dazu gehört ein Stück Lebenskunst. Darunter verstehe ich alles, was wir selbst tun und gestalten können, um gut zu uns selbst zu sein und uns möglichst an jedem Tag zu einer kleinen Freude zu verhelfen. Im Alter, wenn die Kräfte allmählich nachlassen und manche Grenzen enger werden, geht es um viele so genannte „kleine Dinge", die man für sich tun kann und an denen man seine Freude hat. Manchmal ist es eine Fernsehsendung, die man sich vorher schon aussucht. Manchmal ist es eine kleine Delikatesse oder ein neues Kleidungsstück. Manchmal auch eine Bitte, die man sich einmal anderen gegenüber zu äußern wagt. Manchmal tut eine kleine Veränderung in der Wohnung gut und natürlich immer wieder ein gutes Buch. Vorauf ich hinaus will, ist, dass es für unser Seelenwohl und auch für unser geistliches Ergehen nötig ist, die leibliche Seite unseres Daseins bewusst und aktiv zu gestalten. Dabei gilt manchmal auch der Satz: „Ein bisschen Leichtsinn segnet Gott!"

Noch wichtiger als eine natürliche und ganzheitliche Gestaltung des Alltags ist, dass wir lernen, wirklich in Berührung zu sein mit uns selbst, mit unseren inneren Regungen und Gefühlen. Das ist alles andere als selbstverständlich, und manche haben es nie gelernt. Zudem beobachtet man bisweilen bei sehr frommen Menschen, dass sie allenthalben Bibelverse zitieren und bekennen, „dass Gott keine Fehler macht", aber sie selbst sind im Laufe des Lebens eigentümlich starr geworden, als würde ihr Glaube ihnen vor allem beigebracht haben, stets eisern zu lächeln. Wieder andere benutzen Gott als Umgehungsstraße, um ihre ganz realen Probleme. Gott muss es richten, wofür vertraut man ihm denn sonst! Einmal habe ich zu solch einem Menschen, dem die Frömmigkeit aus den Haarspitzen troff, in einem Beratungsgespräch (wegen seiner Eheprobleme) gesagt: Ich kann Ihnen jetzt nur unter der Bedingung helfen, dass während dieses Gesprächs die Worte „Gott", „Jesus", „Beten" und „Bibel" kein einziges Mal von Ihnen in den Mund genommen werden! Wir sprechen jetzt einmal wirklich von Ihnen und dem, wie Sie Ihre Schwierigkeiten angehen können!

Eine tiefe Einsicht besagt, dass wir Gott niemals „an uns vorbei" erkennen und erfahren können. Wer seine eigenen Wunden und Zerrissenheiten ausblendet und den eigenen Träumen und Begabungen misstraut, wird dies alles dann umso gründlicher auf Gott projizieren. Sich selbst vermeiden und aus dem Weg gehen, ist kein Weg, der zu Gott führt. Das Gottesbild, das dabei herauskommt, ist meist nur das Vexierbild unserer Verdrängungen. Oder Gott wird mit einer Glorie umkränzt, die keinen anderen Zweck hat, als das Dunkle und Unansehnliche im eigenen Leben zu überdecken. Darum gilt: Man kann nicht gut „bei Gott" sein, wenn man schlecht „bei sich selbst" ist. Am Ende läuft es darauf hinaus, mit sich selbst einen realistischen, aber auch großherzigen Umgang zu pflegen, damit die Beziehung zu Gott nicht dafür herhalten muss, dass wir von ihm alles Mögliche erwarten, wofür wir eigentlich selbst zuständig und verantwortlich sind.

Wir sind es unsern Kindern schuldig, nichts zu glauben, was uns nicht einleuchtet.

Von Siddhartha Gautama (dem „historischen Buddha") berichtet die Legende, er habe seinen Schülern befohlen, nichts von seinen Lehren zu übernehmen oder zu befolgen, wenn es ihnen nicht auch *einleuchte*. Ein solches Wort könnte ich mir ebenso gut aus dem Munde Jesu von Nazareth vorstellen. Wahre religiöse Lehrer manipulieren nicht und indoktrinieren nicht, sondern suchen freie Menschen, deren Glauben in Freiheit und Befreiung besteht und nicht in Unmündigkeit und blinder Gefolgschaft oder Unterwerfung. Im 20. Jahrhundert war es Dietrich Bonhoeffer, der zu mündigem Christsein aufrief. An diesem Programm haben wir noch lange zu arbeiten.

Der Feind eines mündigen Glaubens ist der magische Glaube. Ein solcher Glaube geht davon aus, dass hinter den Dingen und Ereignissen eine verborgene Macht steht, und die nennen wir natürlich Gott. Alles, was wir erfahren, hat einen Sinn und ist aus dem Jenseits gesteuert. Wenn es nicht für irgendetwas die Quittung war, dann war es im Blick auf irgendetwas die Bewahrung!

Es ist auffallend, dass Jesus diesem ganzen archaischen Denken einen Riegel vorschiebt, und zwar in ungeahnter Heftigkeit. Man kann die gesamte Gottesverkündigung Jesu, die so anders war als die der Schriftgelehrten, auf den Punkt bringen: „Stellt euch Gott anders vor!" Und dann stellt Jesus andere Bilder vor unseren Blick und möchte sie hineinsprechen in unser magisch geprägtes Unbewusstes. Und sein neues Bild heißt: Mit Gott lässt sich nichts erklären, es muss auch gar nicht alles erklärt werden, sondern nehmt hin, was sich nicht ändern lässt, übernehmt die Verantwortung dafür, wie ihr mit eurem Schicksal umgeht – und vertraut, dass Gott nicht der Verursacher des Schicksals ist, sondern der Raum einer alles bergenden Liebe und alles befriedenden Geborgenheit.

Wenn es nicht auf breiter Front zum Abbruch der Glaubensweitergabe an die nächste Generation kommen soll, dann sind wir Älteren es unseren Kindern schuldig, ihnen keine Glaubensvorstellungen nahezulegen, die uns selbst nicht einleuchten bzw. die nur Ausweis selbstverschuldeter religiöser Unmündigkeit sind. Dazu gehört, dass wir kein Gottesbild vertreten, das den Menschen klein macht, entmündigt und erniedrigt. Gott möchte uns mit aufrechtem Gang sehen, als seine Freunde und nicht als seine Knechte.

Ebenso wichtig ist, dass wir alle Vorstellungen ablegen, die von eigenem Erwähltsein sprechen, von einer exklusiven Gottesoffenbarung, die nur uns oder unserer Religion geschenkt worden sei; dass wir keinen religiösen Absolutismus vertreten, der Menschen anderer Religionen kränkt.

Das dritte Jahrtausend gibt uns den Auftrag, die Globalisierung auch als theologische und spirituelle Herausforderung anzunehmen: Wir sind *eine* Menschheitsfamilie. Es sollten die Glaubenden sein, die schon einen großen Teil ihres Weges gegangen sind, die sich auszeichnen durch eine „Gastfreundschaft des Herzens" und einen Großmut und Freimut, der weiß: Gott ist größer als das, was wir erfahren oder begriffen haben.

Vor allem sollten wir Vorbild für eine Glaubensweise sein, in der man sich Gott gegenüber wie ein erwachsener Sohn oder eine erwachsene Tochter verhalten darf und nicht wie ein unmündiges Kind. Wir brauchen eine religiöse Haltung, die in Freiheitsvertrauen besteht und nicht in Freiheitsfurcht.

Wir kommen aus dem Ganzen und gehen ins Ganze

Es gibt Menschen in der zweiten Lebenshälfte, die werden regelrecht zu Philosophen. Sie können gar nicht genug bekommen, vor allem können sie nicht genug lesen: im Blick auf die Menschheitsgeschichte, die Geschichte der Philosophie, die Religions- und Theologiegeschichte. Ich finde das wunderbar.

Jedoch verhält es sich in den meisten Fällen anders. Spätestens wenn das Älterwerden mit Grenzen, Einschränkungen, Belastungen und

Unglück verbunden ist, haben wir keinen Appetit auf philosophische Gourmetgerichte und keine Kraft für geistige Höhenflüge in Theoriewolken hinein und über sie hinaus. Da brauchen wir etwas ganz Einfaches, das trägt. Gerade, wenn's um den Glauben geht.

Das hat nichts mit geistiger Bequemlichkeit oder Beschränktheit zu tun, sondern damit, dass der Glaube uns wenig hilft, solange er nur im Kopf stattfindet und in gelehrten Gedankengängen. Was uns zum Leben und zum Sterben hilft, muss so einfach sein, dass Kinder es bereits verstehen und Sterbende es noch irgendwie spüren können.

Was Kinder und Sterbende verstehen, ist zum Beispiel die Berührung durch eine segnende Hand, vielleicht verbunden mit dem leisen Zuspruch: „Fürchte dich nicht! Es ist alles gut!"

Was Kinder und Alte verstehen, ist, wenn der Glaube sich verbindet mit der Melodie eines Liedes.

Was Kinder und Alte verstehen, ist, wenn ihnen jemand sagt: Du bist umhüllt von etwas Größerem; betrachte es wie die Burg, die dich schützt, und das Kleid, das dich wärmt!

Was Kinder und Alte verstehen, ist das Gleichnis vom verlorenen Sohn, das im Zentrum all dessen steht, was Jesus den Menschen seiner Zeit zu sagen versuchte: Betrachte Gott nie anders, als dass du dir seine geöffneten Arme vorstellst, die dich erwarten und umschließen. Ganz gleich, wie du ankommst und was gewesen ist!

Das meine ich mit Einfachheit. Kindisch ist daran weiß Gott gar nichts.

Vielleicht lässt sich dieses Einfache, das die Kraft hat, uns hindurch zu tragen, auch noch ganz anders, vielleicht sogar noch einfacher sagen. Vielleicht könnte es der Satz sein: Wir kommen aus dem Ganzen und gehen ins Ganze! Das jedenfalls ist die Erfahrung, die die Schweizer Musiktherapeutin und Sterbebegleiterin Monika Renz in vielen Begleitungen von Menschen an der Todesgrenze gemacht hat.

„Wir kommen aus dem Ganzen" – vielleicht ist das nur die grundsätzliche Erfahrung, dass wir, als unser Dasein mit der ersten Zellteilung im Uterus der Mutter begann, eins waren mit dem Ganzen des mütterlichen Organismus. Wir kommen aus einer solchen Ganzheitserfahrung.

Wolfgang Vorländer

„Wir gehen ins Ganze" – das meint jedoch mehr. Damit treten wir an den Rand eines Jenseits, eines uns noch vollkommen unbekannten jenseitigen Ufers. Es ist die Ahnung, dass es dort ums Ganze geht, aber auch um unser letztes Ganz-Werden durch Gott, um Teilhabe an seiner Ganzheit, an der Vollkommenheit, Innigkeit und Einheit des Lebens und des göttlichen Geheimnisses selbst.

Dann ginge es im Grunde jetzt schon, spätestens in der zweiten Lebenshälfte, um einen Weg hinaus aus der Zerstückelung und Zersplitterung meines Lebens in eine immer größere Verbundenheit hinein. Dann müsste der spirituelle Glaubensweg auf alle Fälle so begangen werden, dass die Dauer-Zerstreuung, die unsere Gesellschaft mit ihren Moden, Medienevents und Abenteuer-Angeboten frei Haus liefert, weitgehend gemieden oder jedenfalls reduziert wird.

Es gäbe dann keinen Weg auf Gott zu, der nicht „Sammlung" bedeutete: „Ich sammle mich ein". Und ich bereite mich auf diese Weise darauf vor, am Ende von Gott selbst „eingesammelt zu werden" mit allen Bruchstücken und Fragmenten meiner Lebensgeschichte. Dazu ein wunderschönes Gebet von Martin Gutl:

> Gott,
> an jenem Tag, an dem du mich rufst: „Komm!"
> werde ich zu Dir kommen,
> zu Dir,
> den ich in diesem Dasein millionenmal aufblitzen sah
> wie Sonnenstrahlen auf Meereswogen,
> und dessen Stimme ich leise vernahm.
> Ich werde kommen
> mit allen Tränen, die ich geweint habe;
> ich werde kommen mit den Erinnerungen,
> dem Glück, den Bruchstücken und Mühen meines Lebens,
> mit den Auseinandersetzungen, Kämpfen und Fragen meiner
> Lebenstage.
> Ich werde kommen und nur eines sagen:
> Aber du bist doch mein Gott!

Vielleicht öffnet sich in solchen Worten und Gedanken der Weg in eine authentische Gottbezogenheit, die sich eines Tages zu der mystische Erkenntnis vertieft: Das ganze Leben war die Erfahrung Gottes – und nicht nur seine hellen oder seine besonderen Augenblicke und Ereignisse!

Rückkehr ohne Regression

Bekanntlich führen Stoffwechselveränderungen im Gehirn im fortgeschrittenen oder hohen Alter dazu, dass Erinnerungen an lange zurückliegende Ereignisse der Jugendzeit wieder wach werden, während sich soeben Erlebtes alsbald verflüchtigt.

Daher wird, muss und darf es auch eine Spiritualität, eine Glaubensweise „am Ende des Weges" geben, die diesem Gesetz des Alterns entspricht. Von Regression dürfte man dabei nur sprechen, wenn sich jemand sozusagen vor der Zeit in ein kindliches Gemüt flüchtet, weil er das bequem findet.

Aber wir brauchen, sofern wir ein hohes Alter erreichen dürfen, auch die Erlaubnis – oder besser: wir haben das Recht, dass der Kreis sich schließt und das „Kind im Greis" sich dem Kind von damals wieder annähert. Wohl dem, der im hohen Alter Lieder und Gebete kennt, durch die er als Kind Vertrauen lernte! Es ist zu befürchten, dass ein solcher Schatz aus Kindheitstagen immer mehr abhanden kommt und dann im Alter nicht als Trostkraft zur Verfügung steht.

Von dem großen und berühmten Theologen Karl Barth wird berichtet, dass er in seinen letzten Lebensjahren, gesundheitlich arg gebeutelt und eingeschränkt, abends nicht nur Mozartmusik gehört und ein Glas Wein getrunken, sondern oft Lieder aus seiner Kindheit gesungen habe. Sein letzter Assistent, Eberhard Busch, hat den letzten Abend, den er mit seinem Lehrer kurz vor Barths Tod verbrachte, für die Nachwelt aufgeschrieben:

„Wir hatten abends zusammengesessen, und der Abend hatte sich in die Länge gezogen. Es war schließlich weit nach Mitternacht, in der Nacht zum ersten Advent. Karl Barth bat gleichwohl, noch abzuwarten, bis er im Bett liege, um dann noch etwas zu singen. Ich hatte ihn schon manches Mal singen gehört, zuweilen auch, wenn er allein am Schreibtisch saß, und das regelrecht, mit dem Gesangbuch in der Hand. Und wenn er in einem Gottesdienst war, pflegte man selbst in großer Versammlung seine Stimme herauszuhören. Er sang mit der Kraft eines Löwen. So sang er auch jetzt, obwohl das Fenster seines Zimmers zur nachtdunklen Straße hin offenstand. Ich warf einen fragenden Blick dorthin. Ob es wohl Beschwerden wegen nächtlicher Ruhestörung geben könnte? Doch er liebte es zu betonen: ‚Lasset den Lobgesang hören!‘ Sei es denn auch in vorgerückter Stunde! Als ich in sein Schlafzimmer trat, sang er eben eines seiner unvergessenen Kinderlieder von einst:

> ‚Jetzt schlof i frehlig y,
> es isch hitte luschtig gsi.
> Der lieb Gott het recht a mi denkt,
> und het mir hit vyl Fraide gschenkt...‘

Und dann schlug er zu gemeinsamem Gesang das Adventslied vor: ‚Nun jauchzet all ihr Frommen, in dieser Gnadenzeit ...‘, in dem es zuletzt heißt:

> ER wird nun bald erscheinen
> In seiner Herrlichkeit,
> der all euer Klag und Weinen
> verwandeln wird in Freud.
> Er ist's, der helfen kann.
> Macht eure Lampen fertig,
> und seid stets sein gewärtig,
> er ist schon auf der Bahn.

So sangen wir. Und er sang so laut wie eh und je. Und das war der Abschied.“

Beten heißt: sich Gott hinhalten

Erwachsen beten lernen

Karin Vorländer

Nicht, dass er nicht an Gott geglaubt hätte, aber irgendwann redete er nicht mehr mit ihm. Sprachlosigkeit in Richtung Gott aus Mangel an Gelegenheit. Es gab doch kaum mal eine ruhige Minute im Getriebe des Alltags und irgendwie auch keinen „Gottesbedarf". So viel Arbeit in Beruf und Familie. Sein Alltag verlief in geordneten Bahnen, und es fehlte ihm nichts ohne Gebet. Gewiss, da waren gelegentliche Stoßgebete – als der Sohn so schlimm gestürzt war und nicht feststand, ob er seine Hand je wieder würde gebrauchen können. „Gott, lass ihn wieder gesund werden". Und als das Enkelkind geboren wurde: „Danke, dass Lisa gesund ist. Lass sie wachsen und gedeihen und behüte sie." Aber jetzt: Quälende Sprachlosigkeit, mühsames Suchen nach Worten angesichts der eigenen Krankheit und des Wissens, dass das eigene Leben endlich war. Nein, die Kindergebete – „Ich bin klein, mein Herz mach rein", „Lieber Gott, mach mich fromm ...", „Müde bin ich geh zur Ruh" –, die plötzlich wieder präsent waren, waren nicht die Worte, die er jetzt sprechen konnte. Aber welche dann? Das Vaterunser vielleicht? Oder die Bitte, doch wieder gesund zu werden? Wo doch die Diagnose klar so eindeutig „nicht heilbar" lautete. Bruno S. war dankbar, dass die Krankenhausseelsorgerin an seiner Stelle Gebetsworte fand. Sein Sohn Werner auch. „Beten möchte ich schon können. Aber wie betet man als Erwachsener?", fragte er sich nach der Beerdigung seines Vaters.

Bruno Pflugschmidt (82) und sein Sohn Werner (51) sind keine Ausnahmen. Bei vielen Frauen und Männern reißt der Faden des Gebets – auch wenn sie keineswegs Atheisten sind. Aber sie sind dem Gebet ihrer Kindheit entwachsen, finden keine Sprache und keine Form, die in ihren erwachsenen Alltag passen würde.

Rüdiger Maschwitz, der gemeinsam mit seiner Frau Gerda das „Kursbuch Beten" geschrieben hat, macht als Seelsorger und Kursleiter im
Haus der Stille immer wieder die Erfahrung, dass viele Menschen an-
gersichts einer Krise, eines Umbruchs, einer Krankheit oder der Not-
wendigkeit einer Neuorientierung die Frage nach dem persönlichen
Gebet stellen. Die meisten kennen das Gebet aus Kindertagen. „Wer
als Kind das Beten nicht gelernt hat, lernt es später kaum noch", weiß
Rüdiger Maschwitz aus vielen Begleitungen Erwachsener. Aber wie
im Alter wieder anfangen?
Viele Menschen erleben es als hilfreich, sich ein festes Ritual zu schaffen. Denn Formen formen. Wer formlos lebt, lebt wehrlos gegenüber
Zeitmangel oder der eigenen Trägheit. Solche Rituale können sehr
verschieden aussehen. Dietmar H. (46) etwa nutzt die Zeit, die er morgens auf dem Weg zur Arbeit regelmäßig im Stau steht zur Fürbitte
für die Menschen, die seinem Herzen nahe sind.
Renate L. (62) zündet nach dem Frühstück für eine viertel Stunde eine
Kerze an und hört Taizé Musik. „Ich bin einfach still vor Gott – ohne
Worte". Wolfgang W. (59) macht zweimal wöchentlich einen „Wald-
Gebetsspaziergang". Auf einem Männerwochenende hat er das Her-
zensgebet kennengelernt: „Ich in dir und du in mir", sind die Worte,
in deren Rhythmus er betet und atmet. Kerstin O. (39) gehört zu einer
Lebenswortgruppe. Vier Wochen lang „kaut" sie morgens, mittags
und abends ein Bibelwort durch, auf das ihre Gruppe sich geeinigt
hat. „Mach dir keine Unruhe", heißt das aktuelle Wort – und es gibt
jede Menge Alltagssituationen, in denen das Wort für sie zum Gebet
wird. Georgine und Ralf B. (beide 82) nennen jeden Sonntagmorgen
vor dem Frühstück die Namen ihrer Enkelkinder im Gebet. Und Gün-
ther H. (77) ist der frommen Tradition der „Stillen Zeit" treu geblieben. Jeden Morgen liest er allein für sich die Losung für den Tag, einen Bibeltext – und die Zeitung. Schon mal verschlägt ihm das aktuelle Zeitgeschehen die Gebets-Sprache. Dann betet er mit Worten aus
dem Gesangbuch oder aus den Psalmen.

Rüdiger Maschwitz ist es wichtig, dass man sich selbst beim Einhalten
solcher selbstgeschaffenen Rituale nicht unter Druck setzt. „Es gibt
Zeiten, in denen es gelingt, regelmäßig inne zu halten und Zeiten, in

denen wir hinter unseren Vorsätzen zurückbleiben." Er warnt vor dem „spirituellen Hamsterrad", macht aber ebenso Mut, sich das Recht zu nehmen, „sich immer wieder aus dem Alltag auszuklinken".

Wer als Erwachsener den Schatz des Betens für sich entdeckt, macht womöglich auch die Erfahrung, dass das eigene Beten sich verändert. Die vielen Bitten werden weniger. Weniger das an Gott gerichtete: „Gott, mach doch", „lass doch", „gibt doch" bestimmen Ton und Inhalt. Die Vorschläge in Richtung Gott werden weniger.
Erwachsen beten lernen, könnte auch heißen: Beten ist mehr als Dank, Bitte oder Klage. Beten ist etwas viel Grund-Legenderes: Beten heißt: sich Gott hinhalten! Damit ist gesagt, dass Beten nicht zuerst ein Reden ist, weder laut noch leise; dass es nicht zuerst in Worten besteht, die ich an Gott richte. Beten ist ein Lebensvollzug, eine Daseinshaltung, ein Grundakt und Kammerton meines ganzen Menschseins: Ich bin Gottes! Ich lebe unter dem Blick seiner Güte mit jedem Atemzug. Und ich tue das bewusst. Ich bete mich in das Leben vor Gott hinein und ich lebe mich in dieses Beten hinein; es bestimmt mein ganzes Dasein. Mit den Worten von Nikolaus von der Flüe:

> Herr, nimm alles mir, was mich hindert von dir;
> Gib alles mir, was mich fördert zu dir;
> Nimm mich mir und gib mich ganz zu eigen dir!
> Oder mit Worten von Schalom ben Chorin:
> Und suchst du meine Sünde, flieh ich von dir zu dir,
> Ursprung, in den ich münde, du fern und nah bei mir.
> Wie ich mich wend und drehe, geh ich von dir zu dir;
> Die Ferne und die Nähe sind aufgehoben hier.
> Von dir zu dir mein Schreiten, mein Weg und meine Ruh,
> Gericht und Gnad, die beiden, bist du – und immer du.

Um wirklich zu begreifen und zu leben, dass Beten heißt, sich Gott hinhalten, dafür muss man die Erfahrung des Überwältigtseins oder die Erfahrung großer Angst und Ausweglosigkeit gemacht haben und dem eigenen Sterbenmüssen begegnet sein.

Karin Vorländer

Dann wird man nachts im Bett liegen oder durch die Wälder wandern, wird am Krankenbett eines geliebten Menschen sitzen. Oder man merkt, dass man den Weg der eigenen Kinder nicht mehr beeinflussen kann oder dass man die eigene Lebensbilanz nicht mehr umschreiben kann. Wer so an das Ende aller Worte gelangt, wird sich ohne Worte, wie aus einem großen Schweigen heraus – Gott hinhalten.

Wenn das Beten ein Akt meines ganzen Daseins ist, dann werde ich ihm auch eine konkrete Gestalt geben. Denn dieses grundsätzlich „Vor-Gott-Sein" braucht auch die Form, die Gestalt. Es braucht bestimmte „Gepflogenheiten im Umgang mit Gott". Das könnte bedeuten: Gerade wenn Beten zutiefst darin besteht: sich Gott hinzuhalten, will es auch immer wieder zum Gespräch, zum wirklichen Reden mit Gott werden. Ich, der Sohn Gottes, spreche mit dem Vater; ich, die Tochter Gottes, spreche mit dem Vater und finde dafür Zeiten und Orte. Dieses Gespräch findet im Verborgenen statt, unter Ausschluss der Öffentlichkeit. Dieses intime, freie Gespräch mit dem Vater gehört nirgendwo anders hin.
Für dieses Gespräch gibt es keine Zensur und keinen Zensor, auch keinen inneren. Wohl aber gehört dazu Sammlung und Verantwortung – genau so wie es in der Liebe ist. In der Liebe zwischen zwei Menschen gibt es die größtmögliche Offenheit und Unbekümmertheit – und dennoch eine große Behutsamkeit und Verantwortlichkeit für das, was man sagt.
Ich höre mehr und mehr auf, Gott Vorschläge zu machen, wenn ich ihn um etwas bitte. Was habe ich als junger Mensch Gott alles nahegelegt, wie er mein Beten erhören soll! Wie ich es gerne hätte! Heute bitte ich Gott im Blick auf mein eigenes Leben kaum noch um dieses und jenes, und ich mache ihm keine Vorschläge mehr. Vater weiß! Und wie froh bin ich im Nachhinein doch, dass Gott sich oft nicht an meine Vorschläge gehalten hat!

Hauptsache gesund?

Spielräume entdecken, auch wenn die Grenzen enger werden

Karin Vorländer

„Wieder ein Jahr vorbei", so lautet zum Geburtstag oder Jahreswechsel manch leiser Seufzer. Stimmt, die Zeit schreitet unaufhaltsam voran, und wir halten sie nicht auf. Das wird zum Ende eines Jahres oder zum Beginn eines neuen Lebensjahres vielen Menschen besonders deutlich. Und womöglich machen sich nicht nur Vorfreude und Neugier auf das Neue breit, sondern auch eine leise Melancholie.
Nicht selten lautet einer der vielen guten Wünsche zum Geburtstag: „Und vor allem wünsch ich dir Gesundheit!". Denn Gesundheit, so erleben es viele Menschen, „ist doch das Wichtigste". Dabei ist – dies ist jedenfalls mein Eindruck – hauptsächlich die körperliche Gesundheit gemeint, von seelischer Gesundheit als mindestens ebenso hohem Gut ist viel seltener die Rede. Darauf werde ich nachher noch einmal zurückkommen.

Gesundheitsratgeber und Medizin-Journale mit Informationen zu den verschiedensten Themen rund um die Gesundheit haben das ganze Jahr über Konjunktur – und die Deutschen geben viel Geld für ihre Gesundheit aus. In der Tat, Gesundheit ist ein hohes Gut, und wir wünschen uns sehnlichst, sie möge uns erhalten bleiben. Aber genau wie gute Beziehungen und Zufriedenheit lässt sich Gesundheit nicht „bestellen" oder kaufen. Auch gesunde Ernährung, Fitnesstraining, Nahrungsergänzungsmittel, Vorsorgeuntersuchungen und medizinische Behandlung sind keine Garantien dafür, dass wir an Leib und Seele gesund bleiben. So wird der gut gemeinte Gesundheits-Wunsch zum Neuen Jahr oder zum Geburtstag schnell zur Floskel.

Mich beschäftigt die Beobachtung, wie wenig die unerhörten Errungenschaften im Bereich der Gesundheitspflege, Gesundheitsvorsorge und der Behandlung von allen erdenklichen Krankheiten in den Alltagsgesprächen gewürdigt wird. Es überrascht mich, wie wenig darüber gestaunt und dafür Dankbarkeit gezeigt wird. Sobald aber der Verdacht aufkommt, es sei eine falsche Diagnose gestellt worden, es habe zu lange gedauert, bis die richtige Medizin und Therapie gefunden worden sei, sobald sich jemand einen Krankenhauskeim zugezogen hat, sobald wir von korrupten Ärzten hören, von Unregelmäßigkeiten auf dem Feld der Organtransplantation, von Pfusch, sind wir sofort bei der Sache und haben unser Thema gefunden. Genauso verhält es sich mit dem Gesundheitssystem, das bei immer höheren Lebenserwartungen finanziert werden muss – wir beklagen die Kosten und wissen sehr genau, was alles nicht stimmt.

Dabei müsste man sich nur um, sagen wir, achtzig Jahre zurückversetzen. Das ist nicht allzu lange her. Hätten unsere Eltern oder Großeltern je davon zu träumen gewagt, dass es Antibiotika gibt, dass Epilepsie medikamentös kontrollierbar ist, oder hätten sie sich invasive Operationsmethoden vorstellen können, Herzkatheter, Bypässe, immer erfolgreichere Chemotherapie für Krebserkrankungen? Kannten sie das breit gefächerte Angebot an Physiotherapien und Rehabilitationsmaßnahmen? Und wenn heute jemand, der wegen Verschleißes eine neue Hüfte oder ein neues Kniegelenk braucht, darüber klagt, dass er „ins Ersatzteillager" müsse – hat man vor wenigen Jahrzehnten auch nur ahnen können, dass es so etwas überhaupt geben werde? Von Krankenkassen bezahlt und jedermann zugänglich? Und welche Früherkennungsmethoden, Vorsorgeuntersuchungen und diagnostischen Instrumentarien stehen uns zur Verfügung! Man könnte immer weiter fortfahren, schnell wäre mit den Segnungen der modernen Medizin ein ganzes Buch gefüllt. Allen Schwierigkeiten, Nebenwirkungen, Problemen und Schattenseiten zum Trotz, die man nicht zu leugnen braucht.

„Hauptsache gesund" – dieser Satz verliert seinen positiven Klang, wenn wir von maßlosen Erwartungen bestimmt werden und vergessen, dass wir seit zehntausenden Jahren die erste Menschheitsgeneration sind, die mit unglaublichen Errungenschaften im Bereich von

Hygiene, Vorsorge und Therapie gesegnet ist. Und damit haben wir eine Lebenserwartung, die selbst im Jahr 1950 noch niemand vorhergesehen hätte. Doch statt Dankbarkeit macht sich eher so etwas wie ein Anspruchsdenken breit: Wir haben ein Recht auf Gesundheit, und unter der Hand entwickelt sich die Vorstellung, unser Körper sei eine Maschine, die bei sorgfältiger und sachgerechter Wartung bis in alle Ewigkeit fehlerfrei und leistungsstark zu laufen habe. Dass unsere Lebenszeit begrenzt ist, dass uns blühende Gesundheit bis zum Lebensende nicht verheißen ist, dass wir zerbrechliche Wesen sind, dieses Wissen wird einerseits allzu oft verdrängt. Andererseits lässt sich auch beobachten, dass älter und alt werdende Menschen sich von ihren gesundheitlichen Einschränkungen, von chronischen Erkrankungen oder „Verschleißerscheinungen" die Lust am Leben und ihr Leben im Hier und Heute verdunkeln lassen. Sie leben sozusagen ständig „im Schatten des Todes". Sie machen sich Sorgen, wie und wann es mit ihnen einmal zu Ende gehen wird, und sie vergessen darüber das, was sie heute (noch) genießen und erleben können. „Whatever will be will be – the future is not ours to see", singt Doris Day in ihrem weltberühmten Lied "Que sera sera". Was kommt, das kommt, wir kennen die Zukunft nicht und das ist gut so! Das hilft, leichten Sinnes und vertrauensvoll zu leben und auf ein gutes Ende zu hoffen. „Wer ist unter euch, der seines Lebens Länge eine Spanne zusetzen könnte, wie sehr er sich auch darum sorgt?", fragt Jesus. (Matthäus 6,27).

Aber natürlich wird es dabei bleiben, dass das Leben verblüht, der Leib schwächelt und gesundheitliche Einschränkungen mit fortschreitendem Alter nicht ausbleiben, sondern zunehmen. Allzu oft avancieren sie zum Gesprächsthema Nummer eins. Was wäre manche Gesprächsrunde ohne das Thema Gesundheit und Krankheit? Bei aller nötigen und wünschenswerten Anteilnahme am Geschick anderer Menschen, wünsche ich mir manches Mal, dass in solchen Gesprächsrunden jemand beherzt das Motto ausgäbe: „So, ab jetzt reden wir heute nicht mehr über Krankheiten. Welche Themen bewegen uns denn sonst?"

Karin Vorländer

Sehr bemerkenswert fand ich, dass eine knapp achtzigjährige Bekannte auf meine Frage, wie es ihr denn gehe, antwortete: „Ich möchte mich nicht über meine Krankheiten definieren." Nein, sie habe sich entschieden, ihre eingeschränkte Gesundheit nicht zum Thema zu machen. Sie wolle sich vielmehr darauf einstellen, dass es eine Illusion sei, „bis zum Schluss fit, gesund und faltenfrei zu bleiben." Sie halte es mit dem Ruhrpott-Kabarettisten und Mediziner Ludger Stratmann. Der habe kürzlich in einem seiner Programme einen Satz gesagt, der ihr selbst aus dem Herzen gesprochen sei. In seiner Rolle als Hausmeister Jupp habe er von einem Unfall und einer schweren Verletzung am Arm erzählt und gesagt: „Der Arm ist kaputt, aber mir selber is' nix passiert". Was ihr daran so wichtig sei, wollte ich wissen. Dass man trotz gesundheitlicher Einschränkungen sich darum bemühen kann, innerlich unversehrt zu bleiben. „Dass ich mehr bin als mein vielleicht kranker Arm", war ihre Antwort. Diese Haltung wolle sie einüben. Wobei sie das „Üben" wörtlich meinte. Sie mache sich täglich vor ihrer Morgengymnastik klar, dass der neue Tag „meinem Leben hinzugefügt ist".

Natürlich entbindet das Wissen darum, dass wir im Alter nicht gesünder werden, uns nicht davon, mit uns umsichtig umzugehen, unseren Leib liebevoll zu pflegen und zu trainieren. Hier sind Phantasie und Disziplin gleichermaßen gefragt. Von altersgerechter Ernährung mit viel Gemüse und wenig(er) Fleisch, über Bewegung im Rahmen der jeweiligen individuellen Möglichkeiten („Ich kann nicht mehr gut laufen und stehen – aber zum Sitzboogi und zur Gymnastik auf dem Stuhl reicht es allemal noch") bis hin zu Meditations- und Entspannungsübungen kann hier die Skala reichen. Und oft hilft ein fester Rhythmus („Immer dienstagsmorgens gehe ich schwimmen") der eigenen Trägheit ein Schnippchen zu schlagen. Auch Fitnessübungen für den Kopf gehören zu solchen Gesundheitsübungen: Gedichte oder Psalmen auswendig lernen, in Achter- oder Siebenerschritten rückwärts von 800 oder 700 an zählen und dabei mit den Armen pendeln, Anteil an den Themen der Zeit nehmen – all das und noch viel mehr hilft, nicht „einzurosten".

Dennoch bleibt es dabei: Die Zeit, die vor uns liegt, bringt mit Sicherheit nicht nur Glück und Gesundheit. Was könnte helfen, sich ohne Bitterkeit, Larmoyanz und Groll in schwere Situationen einzufinden, die wir weder freiwillig gewählt noch verschuldet haben? Vielleicht gilt es zu allererst der Einsicht standzuhalten: Das Leben ist endlich – und manchmal tut das Leben weh. Dann aber auch wahrzunehmen und zu sehen: Das Leben ist unendlich wertvoll und schön.

Die verbleibenden Lebensjahre sind zu kostbar, um sie mit Streit, kleinlicher Rechthaberei oder krampfhaftem Festhalten-Wollen zu vertun. Ein weites Herz, Humor und die Einsicht, dass wir nicht perfekt sein und vollständig gesund bleiben werden, kann helfen, jeden Tag unseres Lebens als kostbar zu erleben. Wobei Humor übrigens tatsächlich eine gesundheitsförderliche Heil- und Lebensweise sein kann. Lachen gilt als kostenloses Heilmittel bei Migräne, Asthma und Rückenschmerzen, kräftigt Herz und Immunsystem, bringt den Kreislauf auf Schwung und senkt sogar den Zuckerspiegel! Humor und Lachen bringen Entspannung bis ins Körperliche hinein und helfen und manchmal hilft auch eine gesunde Prise Selbstironie, sich von den eigenen Beschwernissen zu distanzieren und Schweres mit einem lachenden und einem weinenden Auge zu betrachten.

Und noch etwas könnte uns helfen: In der Bibel gibt es einmal den Satz: „Gott schenke deinen Grenzen Frieden!"(*Psalm 147,14*). Dieser Segenswunsch ist ursprünglich auf ein Leben innerhalb politisch befriedeter Grenzen bezogen. Aber wir können ihn ebenso gut auf all jene Grenzen anwenden, mit denen wir es beim Älterwerden zu tun haben. Was aber würde das heißen: dass an meinen Grenzen Frieden herrscht? Vielleicht als Erstes: dass ich selbst mit meinen eigenen Grenzen Frieden schließe? Und ich mich in meiner Lebenssituation einfinde. Wie könnte das konkret aussehen?

Vor allem wohl so, dass ich auf die Spielräume achte, die innerhalb meiner Grenzen immer noch vorhanden sind. Jede Grenze hat ein Innerhalb, umfängt einen Raum. Gewiss: je enger die Grenzen rücken, desto kleiner wird dieser Spielraum, in dem ich mich bewegen kann. Aber eine Grenze, die überhaupt keinen Raum mehr umschließt, ist erst dort vorhanden, wo Schmerzen, Leiden, Behinderungen oder

Karin Vorländer

Pflegebedürftigkeit das Dasein vollständig bestimmen, so dass die Frage nach dem lebenswerten Leben im Raum steht. Bis dahin jedoch verfüge ich immer noch über einen inneren und äußeren Raum, den ich bewohnen und in dem ich mich bewegen kann. Allerdings neigen wir dazu, es zu machen wie die Kühe auf der Weide: das schönste Gras ist immer jenseits des Zauns! Wir verbringen viel Zeit und Energie damit, an all das zu denken, was wir genießen konnten, bevor dieser schreckliche, enge und unfreundliche Zaun uns das Leben vergällte.

„Gott schenke deinen Grenzen Frieden" – das meint ein anderes Hinsehen und Wahrnehmen. Wenn früher oft der Spruch zu hören war: „Platz ist in der kleinsten Hütte!", dann könnten wir ebenso gut sagen (und uns damit ein wenig selbst „erziehen"): Mein Leben ist zwar allmählich nur noch eine kleine Hütte, aber für einen freundlichen Besuch oder ein gutes Gespräch ist darin immer noch Platz. Es ist Platz für das Lachen und Erzählen des Enkelkindes, für ein schönes Abendessen bei Kerzenschein, für ein Konzert mit der Lieblingsmusik auf CD, für eine humorige Fernsehsendung, für Zeitunglesen oder mit einem lieben Menschen telefonieren oder aus dem Fenster schauen oder sich einen angenehmen Sonntag machen.

Das Thema: „Hauptsache gesund" hat aber auch den Aspekt seelische Gesundheit.
Wer einmal psychisch krank gewesen ist oder aus nächster Nähe mit einem psychisch kranken Menschen zu tun hatte, der hat vielleicht den Eindruck gewonnen: Da wäre einem eine körperliche Krankheit noch lieber als ein solches dunkles Leid. Diese Erfahrung kann sich etwa einstellen, wenn es sich um eine schwere depressive Erkrankung handelt, aber auch um Angstneurosen, Zwangsvorstellungen oder psychotische Erkrankungen.

Früher war das ein riesiges Tabuthema, leider ist es das teilweise sogar heute noch. Wenn es um einen Nachbarn ging, der psychisch erkrankt war und womöglich in eine psychiatrische Behandlung oder stationäre Therapie musste, dann wurde gemunkelt: „Der hat's an den Nerven!" – „Der ist jetzt in einer Anstalt!"

Gott sei Dank, haben wir doch ein wenig dazu gelernt. So wie man sich das Bein brechen kann, so kann auch unsere Seele „brechen". Und dann braucht sie fachkundige Hilfe.

Nun ist es so, dass Menschen im Alter nicht häufiger von seelischen Erkrankungen betroffen sind als junge Menschen. Aber es gibt ganz spezifische seelische Belastungen, die sich im Alter bisweilen melden. Es mag dabei nicht unbedingt um einen pathologischen Befund gehen, der den Weg zum Arzt erforderlich macht. Aber die eigene Seele hat gelitten und vielleicht ihr Leiden durchs ganze Leben mitgenommen.

Das gilt zumal für die Kriegskindergeneration. Im Alter sind sie wieder da, die Bilder von den Bombennächten und dem Rennen in den Luftschutzkeller. Oder von der Flucht aus Schlesien oder Ostpreußen bei Schnee und Eis.

Anderes, das unserer Psyche bis an die Grenze des Heilbaren zusetzt, sind Erfahrungen von Missbrauch und Gewalt in welcher Form auch immer. Wer, der solches erlitten hat, konnte denn bis in unsere Tage darüber jemals reden?!

Und vielleicht sind es auch die vergleichsweise schwächeren Druckstellen auf unserer Seele, die wir bis ins Alter mit uns herumtragen – stumm, verzweifelt und ganz in unserem Inneren eingekapselt: schmerzhafte Konflikte, Kränkungen, Trennungen und Verluste!

Es gibt in der älteren Generation in unserer Gesellschaft bis heute ein riesiges, hilfloses Schweigen und Für-sich-Behalten im Blick auf die Nöte in unseren Seelen und im Blick auf psychische Belastungen, die eigentlich nach Hilfe schreien, und die darum Begleitung erfordern und vor allem – eine Sprache. Damit meine ich das Aussprechen-Dürfen an einem verschwiegenen und geschützten Ort.

Weil das bis heute so ist, kommen die wenigsten Menschen, die von solchen Belastungen betroffen sind, bislang auf die Idee, sich dafür kompetente Hilfe zu suchen. Was bei körperlichen Problemen selbstverständlich ist (manche bringen es zu erstaunlichen Arztbesuch-Frequenzen!), das ist bei psychischen Belastungen noch eher die Ausnahme. Jedenfalls in der heutigen älteren Generation. Aber man darf und sollte sich Hilfe holen! Es gibt sie ja.

Karin Vorländer

Schließlich verhält es sich aber mit der seelischen Gesundheit so, wie wir es auch aus dem Bereich der körperlichen Gesundheit inzwischen kennen. Es gibt nicht nur Behandlungen und Therapien, wenn eine Krankheit sich einstellt, sondern es gibt auch die Gesundheitsvorsorge. Fachleute sprechen von Salutogenese: tun, was die Gesundheit erhält, bevor sie beschädigt ist. Genau das gibt es auch für unsere emotionale Befindlichkeit, für unsere Seele, für unsere innere Balance.

Viele entdecken im Ruhestand die erstaunlichen Stärkungen und Korrekturen, die etwa durch Yogaübungen vermittelt werden oder andere chinesische Körpermeditationen. Andere kommen im Alter auf den Geschmack am Tanzen. Wieder andere suchen Klöster oder Einkehrhäuser auf, wo Meditationsformen in allen Varianten angeboten werden, Fastentage, und vieles mehr. Auch Volkshochschulen, Kirchengemeinden und andere Anbieter kommen in Frage, wenn man überlegt, was man für sein seelisches Wohlbefinden tun möchte.
Das Wichtigste ist und bleibt jedoch das Gespräch. Und das erfordert den einen oder die wenigen Menschen, zu denen ich Vertrauen habe, Menschen mit einem offenen Ohr und einem verschwiegenen Mund, Menschen mit einem „geräumigen Herzen" und großer „moralischer Toleranz". Denn Moralismus, moralische Härte und Enge ist das Letzte, was unserer Seele gut tut. Wir alle tragen verborgene Wunden in uns und haben unser Leben nicht als eine saubere, gerade Linie aufs Papier gebracht. Herzensgüte, die man einander gewährt, ist daher eine der wichtigsten seelischen Arzneien!

„Ich war schon immer eine Gärtnerin"
Wie Gärtnern und Gottvertrauen zusammenfinden

Karin Vorländer

Christel Lindenblatt ist Gärtnerin seit sie denken kann. Wenn der Großvater per Fahrrad mit ihr unterwegs war, musste er ständig anhalten, damit Klein-Christel am Wegesrand ganze Arme voll Blumen pflücken konnte. „Das steckt einfach in mir. Ich war schon als Kind nicht aus dem Gewächshaus zu bringen – das ist wohl meine Bestimmung", lacht sie. Gut möglich aber auch, dass ihr die Leidenschaft fürs Säen und Ernten in den Genen steckt – schließlich bewirtschafteten die Großeltern einen Bauernhof im nahen Schnörringen, und auch die Eltern hatten einen Garten und hielten einige Kühe. Die weideten dort, wo heute der sorgfältig gemähte Obsthof mit dem prachtvollen alten Boskopbaum steht: „Der ist über 90 Jahre alt und trägt immer noch", erzählt die lebhafte Zweiundsiebzigjährige im schönsten Platt, in das sie meist verfällt, wenn es um ihren Garten geht.
Seit 1968 sät und pflanzt, hackt und gießt, schneidet und erntet, plant und experimentiert Christel Lindenblatt unermüdlich rund um ihr damals neu erbautes Haus. So wuchs Stück für Stück ein 2500qm großes Gartenparadies, in dem es in Beeten und Rabatten, Töpfen und Kübeln zu jeder Gartenjahreszeit grünt und blüht. Gerade erst hat sie im Gartenwettbewerb der Stadt Waldbröl wieder einen Preis für Blumen- und Gemüsegarten „abgeräumt".
Gestaltet ist der Garten in Anlehnung an alte bergische Gärten. Christel Lindenblatt hat das große Areal rund um ihr Haus mit dichten halbrund geschwungenen Buchsbaumhecken klar gegliedert. Die Hunderte Buchsbäume hat sie alle selbst gezogen – genau wie das dunkelblaue Meer von Stiefmütterchen, das in diesem Jahr nahe dem meist offenen Tor wächst. „Ohne Samensammeln und Selbstziehen wäre so ein Garten nicht zu finanzieren", meint sie.

„Eigentlich ist sie immer am Zupfen, und ich brauchte einen Piepser, um sie im Garten zu finden", schmunzelt Ehemann Willi. Der ehemalige Physiotherapeut unterstützt die Leidenschaft seiner Frau still und tatkräftig mit Heckeschneiden, Mähen, Fräsen und, wenn es sein muss, auch mit Bäumefällen. „Ohne ihn könnte ich das alles gar nicht schaffen", meint Christel Lindenblatt, die im Rückblick froh ist, dass sie neben der Erziehung der beiden Kinder und dem Vermieten von Gästezimmern früher nicht berufstätig war, sodass sie mit Hingabe gärtnern konnte.

Selbst im Urlaub ist Christel Lindenblatt ständig auf der Jagd nach Raritäten für ihr Gartenparadies: Die weiße Lilie hat sie am Gardasee „erbeutet". Der Mohn, der sich in Pastellfarben weiß, orange und rosa überall im Garten sacht im Wind wieg, stammt aus Meran, wo sie im Kurpark Samen sammelte. „Meine Blumenkinder", nennt sie ihre Pflanzen liebevoll und fügt lachend hinzu: „Ich rede mit meinen Blumen – das ist so wichtig wie gießen und düngen – auch wenn sich das vielleicht komisch anhört". Die lachsfarbene Schwertlilie, für die sie sich jedes Jahr neu begeistert, hat sie in Masuren, der alten Heimat ihres Mannes „erbettelt", wo sie bei völlig Unbekannten geklingelt und um Ableger gebeten hat. Einen seltenen Farn hat sie von dem nahen Nutscheid-Höhenzug mitgebracht, die hellblauen Hornveilchenstauden, die über eine Reihe von Blumenschmuckstauden großflächig in der Sonne prangen, hat sie sich aus dem Garten einer längst verstorbenen Nachbarin erbeten. „Ich lasse einfach nicht locker, wenn ich eine bestimmte Pflanze haben will", meint sie und zeigt strahlend auf die dreifarbig blühenden „Zauberglöckchen", eine Mini-Petunienzüchtung, die sie nach langer Suche schließlich auf dem Markt in Waldbröl fand. Stolz ist sie auch auf die Pfingstrose, die noch von den Großeltern stammt. Auch ein Beet mit „ewiger Zwiebel", einer bei Feinschmeckern und Gartenfreunden gleichermaßen gefragten, seltenen Sorte, die in der Blüte statt Samen fertige kleine Brutzwiebeln bilden, gehört zu den vielen Besonderheiten ihres artenreichen Gartens. An jeder Ecke überrascht ein neuen Akzent: Da prangt an der Hausecke eine mehrfarbige Rose neben einer üppigen Clematis, im schattigen Teil wuchert Farn, am Zaun verlockt eine Himbeerhecke zum Naschen, und am Wegrand duftet der Bärlauch.

Oft ist der Schnee noch nicht ganz geschmolzen, wenn sie im zeitigen Frühjahr ausrückt, um ihren Nutzgarten und das kleine Gewächshaus zu bestellen. Selbst gezogenes Gemüse wie etwa die Schlangengurken, die sie unter Glas schon im Mai erntet, ist für sie eine unüberbietbare Köstlichkeit. „Ich säe immer Dill im Treibhaus – das hält die weiße Fliege fern", verrät sie beim Rundgang. Das Gartenwissen, das sie im Laufe ihres langen Gärtnerinnen-Lebens gesammelt hat, verdankt sie eigenem Ausprobieren und dem Austausch mit anderen. „Ich hatte gute Schulmeisterinnen", sagt sie.

Dass in der weitläufigen Gartenlandschaft einfach alles üppig wächst und gedeiht, liegt aber nicht nur am berühmten „grünen Daumen", sondern auch daran, dass Christel Lindenblatt den von Natur aus eher kargen Boden im oberbergischen „Haferspanien" seit fast 40 Jahren mit Fleiß beackert. Jeden Stein hat sie aufgelesen, Jagd auf Schnecken gemacht, Unkraut gejätet und den Boden mit Kompost und Naturdünger verbessert, sodass die Gartenerde heute nährstoffreich, locker und feinkrümelig ist. „Bodenklasse 1" urteilte ein Fachmann.

In ihrem Garten findet Christel Lindenblatt trotz der nicht enden wollenden Arbeit Ruhe, inneres Gleichgewicht und sogar so etwas wie Sinn und Erfüllung. „Ich bin verwachsen mit diesem Garten. Es vergeht kein Tag, an dem ich Gott nicht dafür danke, dass er ihn mir anvertraut hat", erzählt sie in ihrer freimütigen, offenen Art.

Gärtnern, das hat für Christel Lindenblatt etwas mit dem Leben überhaupt zu tun: Beides, das Gärtnern und das Leben, gehe, „nicht ohne Gottvertrauen", ist sie überzeugt. Damit dieses Gottvertrauen wächst und lebendig bleibt, ist sie sonntags im Gottesdienst zu finden. Auch der Glaube bracht „Dünger" und Pflege, wenn er lebendig bleiben soll.

Und so wie es im Garten Saat und Ernte, Wachsen und Vergehen gibt, gehören für sie auch das Abschiednehmen, das Loslassen und Sterben zum Leben. Manchmal fällt es Christel Lindenblatt nicht leicht, diesen herbstlichen Gedanken Stand zu halten. „Was wird aus dem Garten werden, wenn unsere Kräfte abnehmen? Und was, wenn wir beide einmal nicht mehr sind?", denkt sie an manchen Tagen. Aber dennoch: Auch im Herbst und Winter ihres Lebens will Christel Lin-

Karin Vorländer

denblatt auf den Schöpfer allen Lebens vertrauen, will pflanzen und
säen und sich am Reichtum und der Schönheit freuen, die ihr in jedem Winkel ihres Garten-Paradieses entgegenkommt.

Das Nest ist leer, was nun?

Wenn die Kinder aus dem Haus gehen

Karin Vorländer

Wissen Sie, wie man einen Affen fängt? Ganz einfach: Man stellt einen Käfig mit engen Gitterstäben auf und legt einen Leckerbissen hinein. Der Affe wird nur mit Mühe von außen durch die Stäbe greifen können, um sich zu holen, was er haben will, und sobald seine Hand sich um den Leckerbissen schließt, hängt er fest: Die Faust passt nicht mehr durch die Stäbe. Im Loslassen läge die Lösung. Aber darauf kommt er nicht. Er ist schließlich nur ein Affe.

Ein exotisches Beispiel – gewiss –, aber es zeigt, wie gefährlich Festhalten ist. Wer festhält, sitzt am Ende fest. Es gibt lebensnotwendige Abschiede. Das gilt für nahezu alle Bereiche und Dimensionen unseres Lebens: für die Beziehungen zwischen Freunden und Liebenden, für unser Leben in der Beziehung zu Gott, für das Verhältnis zu Geld und Besitz und eben auch für die Beziehung zwischen Eltern und Kindern.

Leeres Nest – Trauer und Wehmut

Eines der bekanntesten Volkslieder hat den Abschied von Kindern aus dem Elternhaus zum Thema: „Hänschen klein ging allein in die weite Welt hinein ... aber Mutter weinet sehr, hat ja nun kein Hänschen mehr ...". Dies Lied zeigt, wie schwer es vielen Müttern (und Vätern!) fällt, ihre Kinder freizugeben. Für sie ist Hans immer noch Hänschen, selbst wenn er sich längst zutraut, in der großen, gefährlichen Welt seinen „Mann zu stehen": „Stock und Hut steht ihm gut, ist gar wohlgemut."

Warum eigentlich weint Hänschens Mutter? Der Auszug von Kindern ist ja bei Müttern und Vätern, wenn womöglich auch in unterschiedlicher Ausprägung – sehr oft mit dem Gefühl von Trauer, Niedergeschlagenheit und Leere verbunden. Da ist es ein schaler Trost, dass man nicht mehr absprechen muss, wer wann das Auto haben kann, dass die Spül- oder Waschmaschine seltener angeschaltet werden muss, dass das „Kinderzimmer" stets aufgeräumt ist und dass viel weniger eingekauft und gekocht werden muss als bisher. Das Nest ist leer – was nun?

Haben die Tränen damit zu tun, dass Hänschens Mutter nichts mehr zu tun hat, wenn Hänschen nicht mehr da ist und umsorgt werden muss? War Hänschen ihr – womöglich – einziger Lebensinhalt? Wer ist sie nun jenseits ihrer Mutterrolle? Untersuchungen zeigen, dass die Trauerphase über den Abschied von den Kindern und das damit verbundene räumliche Ende der Familienzeit bei Frauen mit familienunabhängigen Aufgaben in Beruf und Ehrenamt kürzer ist als bei Frauen, die sich über Jahre und Jahrzehnte ganz auf die Arbeit in der Familie konzentriert haben.

Womöglich hat die Trauer auch darin ihren Grund, dass die Partnerschaft der Eltern nicht mehr so lebendig und belebend ist, weil sie viele Jahre lang dominiert wurde von der Fürsorge um die Kinder, weil man über dem Eltern-Sein, das Liebespaar-Sein vernachlässigt hat? Spätestens, wenn Kinder aus dem Haus gehen, müssten Eltern sich der Frage stellen: Wer bin ich, wer sind wir als Paar, ohne unser Kind oder unsere Kinder? Welche neuen Aufgaben locken? Wie gestalten wir unseren Alltag und unser Leben entspannt und gereift als Paar neu? Wie gestalten und nutzen wir die neue Zweisamkeit und die neuen Freiräume? Welche Kontakte wollen wir knüpfen oder intensivieren, welche Ziele ansteuern?

Das Gefühl von Trauer und Wehmut beim Auszug von Kindern, kann auch darin eine Ursache haben, dass der unbekümmerte, leichte Ton, den die großen Kinder ins Haus brachten, plötzlich verstummt. Mit einem Mal wird deutlich, dass die laute Musik, die oft genug ein Stirnrunzeln auf der elterlichen Stirn erzeugte, jetzt fehlt. Es ist still im Haus. Und war es nicht auch schön, wenn zu jeder Tages- und Nachtzeit Freunde der Kinder mit ins Haus kamen, selbst wenn der Kühlschrank am nächsten Morgen leergeräubert war? Und wer erklärt jetzt das neue Computerprogramm, weist auf tolle Filme, Videos, Bücher und Theaterstücke hin, die man als Eltern nie entdeckt hätte? Die Kinder im Haus holten auch die Gegenwart, die Trends, die Moderne ins Haus.

Spätestens, wenn Kinder das Haus verlassen, wird das eigene Älterwerden schmerzlich bewusst: Unser Leben ist endlich. Wenn die Kinder das Haus verlassen, sind Eltern im Normalfall nicht mehr jung. Der Zenit des Lebens liegt hinter ihnen. „Wie lange bleiben wir wohl gesund? War das, was war, gut? War es das? War es das, was ich, was wir wollten?", lauter Fragen, die sich melden und beantwortet sein wollen.

Gnädig Zwischenbilanz ziehen

Der Auszug von Kindern erfordert ein Doppeltes: Er fordert zur kritischen Bilanz und zum gnädigen Umgang mit dem auf, was wir versucht haben. „Hätten wir ihnen nicht mehr auf den Weg geben sollen?" „Haben wir alles richtig gemacht?" Mit solchen lauten oder leisen Fragen sehen sich Eltern dann konfrontiertet.

Manchmal finden die Kinder auch mit dem Zeitpunkt des Auszugs Mut und Freiheit, an- und auszusprechen, was sie vermisst haben, was sie in ihrer Herkunftsfamilie kritisch sehen und was sie sich anders gewünscht hätten. „Ihr hattet immer zu wenig Zeit." „Ständig bewertet ihr, was andere tun." „Bei uns ging es dauernd um Leistung. Ich habe mich ständig verglichen gefühlt." „Die Gemeinde, in die wir gehen, gefällt mir schon lange nicht. Ich bin schon lange nur hingegangen, weil ihr es wolltet." Gut, wenn Eltern solche Kritik gelassen hören und sich ihr offen stellen (können), ohne sich selbst oder das Gegenüber abzuwerten.

Dann spätestens ist auch der Zeitpunkt gekommen, sich selbst zu vergeben. „Wir haben unser Bestes versucht, aber nicht in allem wirklich das Beste geschafft." Auch Erziehung und Beziehung zu den Kindern fällt unter das gnädig-kritische Urteil des Evangeliums. Es darf auch hier „komplettes Stückwerk" sein.

Karin Vorländer

Und wenn sie nicht gehen? – „Hotel Mama"

Der Zeitpunkt, zu dem Kinder das Haus verlassen, hat sich in unserer Gesellschaft allerdings deutlich nach hinten verschoben. Dass der homo sapiens zur Gattung der sekundären Nesthocker gehört, wissen wir aus der Biologie. Bis er auf eigenen Füßen steht – das dauert. Und es dauert immer länger. Die fahrenden Scholaren im Mittelalter verließen mit gerade mal 12 Jahren das elterliche Nest, um von Schule zu Schule zu wandern und ihr Wissen zu komplettieren. Die Handwerksgesellen, die es nach abgeschlossener Lehre „hinaus in die weite Welt" zog, um da ihre Erfahrungen zu sammeln, dürften nicht älter als gerade 18 gewesen sein. Heute leben junge Leute immer häufiger bei Mama und Papa. Das Auszugsalter steigt. Das ergab eine Umfrage des Statistischen Bundesamtes: Mit 24 Jahren lebt die Hälfte der männlichen Bevölkerung noch im Elternhaus. Junge Frauen verlassen das elterliche Nest etwas früher. Mit 22 lebt weniger als die Hälfte noch zu Hause. Dass junge Leute laut Gesetz mit 18 Jahren volljährig sind, markiert keineswegs einen äußeren Einschnitt. Führerschein, Wahlrecht und Freundin oder Freund – ja klar! Aber ausziehen? Wieso denn das? Zuhause im „Hotel Mama" ist es doch so bequem.
Die Selbstwahrnehmung ist mit 18 keineswegs auf „erwachsen" geeicht. Denn im Bewusstsein vieler Zeitgenossen dauert die Jugendphase immer länger. Noch vor 25 Jahren antworteten die meisten auf die Frage „Was stellen Sie sich unter einem jungen Erwachsenen vor?" „Ein junger Erwachsener ist zwischen 18 und 24 Jahren." Heute lautet die Antwort: „Ein junger Erwachsener ist so um die Vierzig."
Natürlich gibt es für den späten Auszug gute Gründe: Bei mindestens zehnjähriger Schulpflicht und anschließender Ausbildung ist man frühestens mit Zwanzig finanziell halbwegs selbstständig. Wer gar studiert, ist noch später dran. Weil Studentenbuden teuer sind, finanzieren Eltern lieber ein Auto für die tägliche Fahrt zur Uni, statt die Sprösslinge zum Leben mit eingeschränktem Budget zu ermutigen. Und selbst, wenn die Kinder eine eigene Bude haben, bleiben sie finanziell noch lange auf elterliche Zuwendungen angewiesen.
Viele junge Leute tun sich ausgesprochen schwer, unterhalb des von zu Hause gewohnten Standards „klein anzufangen". Eine Erfahrung,

die eigentlich genauso wichtig sein könnte wie die, sich in neuer Umgebung neue Freunde zu suchen und neue Erfahrungen mit sich und anderen zu machen. Hier hilft nur: zum Abflug ermutigen.

Aus Erziehung wird Beziehung

Erziehung ist ein langer Prozess des Loslassens. Wer von Anfang an die vielen kleinen Schritte der Loslösung bewusst wahrnimmt und sie sogar dankbar bejaht, hat es mit dem endgültigen Loslassen leichter. Solche Loslösungsschritte fangen schon mit dem Abstillen an. Sie gehen mit den ersten selbstständigen Schritten des Kindes weiter. Eine Übernachtung außer Haus gehört genauso dazu wie der Eintritt in den Kindergarten, die Einschulung, der erste Urlaub ohne die Eltern. Wer nur wehmütig seufzt, ach, wie war das doch schön, als die Kinder noch klein waren, versäumt es, die Freiheiten zu nutzen, die in diesem Prozess liegen.

Spätestens der Auszug eines Kindes markiert das Ende der Erziehung und den Beginn einer neuen Beziehung. Der Auszug aus dem elterlichen Haus bedeutet keineswegs das Ende von Familie, von Beziehung und Zusammenhalt. Sogar über den großen räumlichen Abstand hinweg, der häufig durch beruflich geforderte Mobilität oder einen Studienaufenthalt im Ausland eintritt, halten Eltern und Kinder heute intensiven Kontakt. Umfragen zeigen, dass ein sehr hoher Prozentsatz junger Erwachsener beinahe täglich Kontakt zu den Eltern hat. SMS, Internettelefonie, E-Mails, Web Alben, und Social Networks erweisen sich als gern genutzte hilfreiche Medien, um – manchmal sogar über Kontinente hinweg – im Gespräch zu bleiben.

Wenn aus Erziehung Beziehung wird, ist Raum für ein neues Miteinander. Jetzt sind im Gegenüber zu den Kindern nicht mehr Weisung, Regulierung und Leitung gefragt, sondern Zuhören, Anteilnahme, die Frage, ob ein Rat erwünscht ist. Eltern, die ihren großen Kindern partnerschaftlich begegnen, können auch beglückend erleben, wie die ihrerseits nach dem Ergehen, den Plänen, den Problemen ihrer Eltern fragen und oft erstaunlich klugen Rat geben.

Karin Vorländer

Familienzuwachs in Sicht

Mit dem Flügge-Werden der Kinder kommen neue Menschen ins Blickfeld: Der Freund oder die Freundin, jemand, mit dem sie sich vorstellen können, eine verbindliche Partnerschaft einzugehen. Je freier und selbstverständlicher Eltern ihre Kinder loslassen, desto offener können sie für „Schwiegerfreunde und -freundinnen" und für neue Familienmitglieder in Gestalt von Schwiegertöchtern und Schwiegersöhnen sein. Wo Eltern sich abgenabelt haben, wird die nagende, zerstörerische Eifersucht, die ja vielen gespannten Beziehungen zugrunde liegt, kaum eine Chance haben.

Und was ist, wenn ...?

Wenn die Kinder aus dem Haus gehen, kommt die Nagelprobe darauf, ob wir sie wirklich loslassen können. Was, wenn sie vielleicht Wege gehen, die wir für Irrwege halten? Wege, die wir nicht billigen, die wir für gefährlich halten? Wenn sie unsere tiefsten (Glaubens-) Überzeugungen nicht teilen? Wenn sie keine Gemeinde für sich suchen oder finden? Wenn sie sich Freunde suchen, die uns Angst machen? Was, wenn sie nicht unsere hochgesteckten Erwartungen erfüllen? Enttäuschter elterlicher Ehrgeiz ist Gift für die Beziehung zwischen Eltern und Kindern und für das Selbstbewusstsein der Kinder. Im Gleichnis Jesu vom verlorenen Sohn entdecke ich, wie die Freiheit, Kinder gehen zu lassen, aussehen kann: Der Vater macht keinerlei Einwände, als der Sohn sich sein Erbe auszahlen lassen will. Kein: „Wer weiß, ob du das schaffst". Kein: „Und was soll aus mir werden?" Kein: „Aber du hast es doch zu Hause so gut". Nichts von alledem. Aber dann legt dieser Sohn eine Bruchlandung hin. Die Frage ist: Weshalb kommt der Sohn auf die Idee, zu seinem Vater zurückzugehen, als er gescheitert ist? Weil er die Freiheit in Erinnerung hat. Weil er schon einmal erfahren hat: Ich werde nicht fallengelassen, sondern losgelassen. So kann er den Rückweg antreten. Und der Vater empfängt ihn mit offenen Armen – ohne Vorhaltungen, ohne Moralpredigt. Kein: „Siehst du, ich hab's ja gleich gewusst". Kein: „Wie konnte

das passieren?" Kein: „Was hab ich bloß bei deiner Erziehung ver-
kehrt gemacht?" Kein: „Was sollen die Nachbarn sagen?" Keine Vorhaltungen – geöffnete Arme.

Wir können unseren Kindern, den kleinen und den großen, nichts
Besseres auf ihren Lebensweg mitgeben als ihnen das Grundgefühl
zu vermitteln: „Ich traue dir etwas zu. Ich glaube, dass etwas aus dir
wird. Geh hin und probier es aus".
Vielleicht wird etwas anderes aus ihnen als wir uns erhofften. Aber in
jedem Fall etwas echtes, etwas, was zu ihnen passt. Und wir können
sie mit offenen Armen empfangen, wenn sie als Gäste zurückkommen.

Karin Vorländer

„Ich würde gerne im Oktober sterben"

Spirituelle Hilfe zu Abschied und Sterben

Wolfgang Vorländer

Wenn ich Sie fragen würde: Wie wünschen Sie sich ihr Sterben? –
dann würden Sie wahrscheinlich gleich erwidern: Da gibt's nichts zu
wünschen; wie man stirbt, das weiß man nicht und da nimmt auch
niemand Wünsche entgegen. – Das stimmt natürlich.
Nun gehört freilich das Sterben noch zum Leben. Nur was nach dem
Sterben kommt, ist uns gänzlich verhüllt. Wenn aber das Sterben als
solches noch Teil meiner irdischen Lebenswanderung ist, möchte ich
mich damit befassen. Zum Beispiel so, dass ich mir angesichts des
dunklen Gedankens an den Weg alles Irdischen erlaube, mir das Sterben einmal so vorzustellen, wie ich es gerne hätte.

> Ich würde gerne im Oktober sterben,
> sonntags nachmittags zwischen fünf und sechs,
> und die späte Nachmittagssonne müsste hereinscheinen
> und das Laub vor dem Fenster zum Leuchten bringen,
> und meine Familie soll da sein,
> und meine Enkel,
> und das jüngste Enkelkind wäre vielleicht gerade im Krabbelalter
> und spielte auf meiner Bettdecke mit Duplosteinen,
> während ich mich gerade verabschiede.
>
> Und mittags hätte ich gesagt:
> Ich erlebe ja meinen Leichenschmaus nicht mit
> und kann jetzt auch nichts mehr essen,
> darum möchte ich,
> dass ihr euch jetzt was Schönes kocht,
> und dann holt den Tisch hier in mein Sterbezimmer,
> mit Blumen darauf und Wein,

und stimmt ein Lied an,
und dann esst,
und lasst uns die schönsten Erinnerungen wachrufen,
ich will euch lachen hören und wir wollen dankbar sein.

Und wenn ich dann gestorben bin,
dann zündet Kerzen an
und bleibt die halbe Nacht bei mir sitzen.

Und die Beerdigung macht am besten samstags,
weil da alle können,
denn ich möchte, dass viele kommen,
und bei der Ansprache soll der Pfarrer
 nicht nur über den Bibelspruch predigen,
sondern auch ein bisschen von mir erzählen,
am liebsten die schönen Geschichten,
denn ich möchte gerne einigermaßen gut weg kommen,
und außerdem war ich einzigartig,
wie das für jeden Menschen gilt auf Erden.

Und danach ein richtiger Leichenschmaus,
nicht nur mit Streuselkuchen,
da soll es allen schmecken,
und macht Sekt auf, und wer einen Schnaps will,
soll einen Schnaps kriegen,
und erzählt da noch viel von mir,
auch von meinen Schwächen und Fehlern meinetwegen,
aber bitte ein bisschen liebevoll und lustig und humorvoll,
dass gelacht wird,
ihr dürft nämlich getrost lachen,
und die Tränen sollen rollen vor Trauer und
wegen all dem Schönen, an das ihr euch erinnert.

Und im Jahr darauf
soll auf meinem Grab Weizen wachsen
und roter Mohn.

Wolfgang Vorländer

Und darum möchte ich auch nicht verbrannt werden,
ein richtiges Grab soll es sein,
damit man Weizen darauf säen kann und Mohn.

Vielleicht ein paar Tage oder Wochen oder auch Monate vorher,
da sollen meine vier Söhne kommen
und die möchte ich segnen,
und dieser Segen soll etwas sein,
womit ich sie stark mache für ihr weiteres Leben,
und wo ich ihnen noch einmal danke,
weil ich so viel von ihnen gelernt habe,
nicht nur sie von mir,
und ich will ihnen noch mal sagen,
wie sehr ich sie geliebt habe,
und dass ich ihnen ganz viel zutraue,
und dass sie es schaffen werden,
und dass sie in ihrem Herzen
den Namen Gottes heiligen sollen
und Jesus nicht vergessen.
Ja, bevor ich sterbe,
möchte ich meine Kinder segnen...

Ob es so kommt – ich weiß es nicht. Wahrscheinlich nicht. Oder vielleicht in etwa so. Oder auch ganz, ganz anders ... Aber Abschied werde ich nehmen müssen.

Gibt es spirituelle Hilfe, das Sterben einigermaßen gefasst, vielleicht sogar getrost zu bestehen? Dabei reden wir jetzt nicht von den Sterbehilfen, die vor dem finalen Augenblick unseres letzten Atemzugs möglich sind oder ermöglicht werden sollten. Es geht um das Sich-Abfinden mit dem definitiven Weggang aus diesem Leben, aus unserer irdischen Existenzform.

Es hat einmal Zeiten gegeben, da war der christliche Ewigkeitsgedanke im kollektiven Bewusstsein fest verankert. „Ein Tag, der sagt dem andern, | mein Leben sei ein Wandern | zur großen Ewigkeit. | O Ewigkeit, so

schöne, | mein Herz an dich gewöhne, | mein Heim ist nicht in dieser Zeit" –
diesen Gesangbuchvers betete mein Vater oft abends zum Abschluss
der Mahlzeit. Schon die frühen Christen verstanden sich als Durchrei-
sende, als Pilger, die zu einer ganz anderen Heimat unterwegs sind.
Und so lebten viele Generationen mit der Überzeugung: Unser Leben
währt die Zahl unserer irdischen Lebensjahre „plus ewig"; und unendlich, ewig – das bezog sich auf den „Himmel", auf eine neue Welt,
in die wir hinein auferstehen werden, eine Welt ohne Leid und ohne
Tod.
Etwas von diesem Glauben ist auch heute noch in vielen Menschen
unseres Kulturkreises vorhanden, aber mit abnehmender Tendenz.
Viele, die die bergende Kraft christlicher Hoffnung nie kennen gelernt haben oder denen sie im Laufe ihres Lebens abhanden gekommen oder zerbrochen ist, versuchen sich abzufinden mit dem Gedanken, dass „danach" nichts kommt, man jedenfalls nichts darüber
wissen kann – um in dieser Nüchternheit einigermaßen Haltung zu
bewahren. Andere versuchen, mit esoterischem oder östlichem Ge-
dankengut den Weg ins jenseitige Ungewisse in den Blick zu nehmen.

Eines ist jedenfalls bemerkenswert: Auch Menschen, die fest an ein
Weiterleben nach dem Tod und vielleicht an das Erlangen gottge-
schenkter Seligkeit glauben, haben es dennoch keineswegs eilig, dort
anzukommen. Und Sterbebegleiter oder Krankenhausseelsorger stellen immer wieder fest: Ob jemand gläubig ist oder nicht, sagt darüber, wie das finale letzte Wegstück bewältigt wird, noch nichts aus.
Manche schöpfen eine erstaunliche Kraft aus ihrem Glauben, während andere ebenso gläubige Menschen in tiefe Ängste geraten und
ihnen alles zu zerbrechen droht, dessen sie im Leben und im Sterben
meinten gewiss zu sein und zu bleiben. Dasselbe gilt aber auch für
religiöse Skeptiker, Agnostiker oder Atheisten: die einen sterben gefasst und „einvernehmlich", während die anderen von Ängsten und
seelischen Erschütterungen erfasst werden und keinen Halt finden.

Um einigermaßen „sterben zu können", hilft wohl selten ein nur an-
gelernter Glaube, den wir früher einmal übernommen haben. Auch die
bloße Zustimmung zu den dogmatischen Lehrsätzen der Kirche ver-

Wolfgang Vorländer

leiht im Ernstfall nicht automatisch den Halt, den wir brauchen. Dasselbe gilt von den Lehren anderer Religionen. Zu viel davon findet nur in unserem Kopf statt. Das aber reicht nicht, wenn das Haus über uns abgetragen wird.

Ich meine, was wir benötigten, um den Weg auf das Sterben zu und durch das Sterben hindurch einigermaßen zu bewältigen, wären tief gründende und weit reichende *Bilder*, in denen wir uns *innerlich verankern*. Und das muss längst geschehen sein, bevor es „zur Sache geht".

Für manche ist es *das Bild eines liebevollen Gottes*, wie Jesus von Nazareth es den Menschen seiner Zeit vor Augen gemalt hat. Das Bild eines Gottes mit weit geöffneten Armen – wie im berühmten Gleichnis vom verlorenen Sohn der vielleicht einfach nur sagt: „Da bist du ja, mein Lieber / meine Liebe!"

Für andere ist es das *Bild vom Sterben und Auferstehen der Natur*, das sie ihr Leben lang aus der Wahrnehmung gewonnen haben: das Bild, das besagt, dass dem Winter mit seiner Todesstarre unweigerlich der Frühling folgt, in dem alles Leben neu erwacht.

Wieder andere halten in sich ein Bild wach, das die *Verbundenheit von allem mit allem* voraussetzt: Wenn ich dann sterbe, gehe ich ein in diese große, anonyme Gemeinschaft aller Wesen und aller Dinge. Selbst das Universum ist für manchen vielleicht gar nicht die kalte, trostlose Leere, sondern das allumfassende Haus, das eine letzte große Einheit und Verbundenheit auf allen Ebenen beherbergt, physikalisch, biologisch und vielleicht auch geistig. In diese anonyme Einheit kehre ich zurück – und lass mir daran genug sein, selbst wenn ich nach meinem Tod nicht mehr mit einem individuellen Leben oder Bewusstsein ausgestattet bin.

Für andere ist jedoch dieses Bild, lediglich einzutauchen oder zurückzukehren in die große Einheit allen Lebens, zu blass, zu karg. Sie halten eine andere Hoffnung in sich wach: Sterben, das bedeutet, in eine wirkliche, *lebendige Gemeinschaft* zu treten. Dazu gehören schlechthin alle Mitgeschöpfe, vor allem aber die Menschen, mit denen ich auf diesem Erdenstern einige Jahrzehnte unterwegs war. Und wer weiß: vielleicht ist diese Gemeinschaft viel umfassender! Gehören vielleicht Engel oder unsichtbare Wesen mit hinein in diese universelle Familie der Erlösten? Und mag es so sein, dass dabei auch endlich offenbar wird, was die Menschen zu allen Zeiten mit dem Wort „Gott" benannt haben – und Sterben zuletzt und vor allem bedeutet, mit diesem absoluten Geheimnis zu verschmelzen oder verbunden zu werden?

Wieder andere verankern sich im *Bild der Geburt*. Unser Geborenwerden vor sechzig oder neunzig Jahren war ein Weg aus dem vertrauten, bergenden Bereich des Mutterleibes, durch einen bedrängenden engen Kanal hindurch in einen gänzlich fremden, aber lichtdurchfluteten Raum. In diesem Raum wurde ich zu einem Menschen, der sein eigenes Leben zugestanden bekam und zu gestalten hatte. – Ist das Sterben ein analoger Vorgang? Gehe ich wie durch einen dunklen, schmerzvollen Tunnel hinein in ein heute noch unvorstellbares Licht und eine nie geahnte Freiheit, in eine höhere Daseinsform? Das Bild einer neuen Geburt kann Ahnungen in uns wecken, die uns helfen, es mit dem Sterben aufzunehmen.

Es gibt viele weitere solcher Bilder. Vielleicht hat jemand für sich herausgefunden, dass in dem, was wir mit dem Wort *Geheimnis* bezeichnen, für ihn genau das gegeben ist, was ihm das Sterben erleichtert. Ist es verbunden mit Assoziationen, die sich aus unserer Kindheit speisen, etwa dem Stehen vor der Tür zum Weihnachtszimmer? Wer auf ein Geheimnis zugeht, weiß nicht, was kommt, aber er ist eher von Freude und Neugier erfüllt als von Skepsis und Fatalismus!

In den großen religiösen Traditionen unserer Menschheitsfamilie finden wir geradezu ein ganzes Universum von Zukunftsbildern, die das Dasein jenseits der Todesgrenze umschreiben. Häufig sind es alles andere als blutleere Vorstellungen, sondern mit allen Sinnen zu erfassende, nämlich zutiefst sinnliche Bilder: das Bild vom Paradies, vom Lebensstrom oder vom fruchtbaren Garten. Das Bild von einem „Reich Gottes" in Frieden und Gerechtigkeit. Das Bild vom friedli-

Wolfgang Vorländer

chen Zusammenleben von Mensch und Tier. Das Bild von den zu Pflugscharen umgeschmiedeten Schwertern. Das Bild eines großen, universalen Festes, eines Gastmahls, das Gott für alle Völker und Generationen bereitet. Aber auch ganz anders besetzte Bilder hat es gegeben: Bilder der Angst, der Apokalypse, Bilder des göttlichen Strafgerichtes, der ewigen Pein und Verdammnis. Sie wurden hervorgebracht durch die Verbindung von Religion und Macht sowie durch projektionsartige Angstfantasien von Menschen, die in diesem irdischen Leben vielleicht nie erlebt haben, was es heißt, willkommen geheißen und zutiefst bejaht zu werden!

Wir benötigen für unser Sterben tief gründende und weit reichende Bilder, sagten wir. Aber es müssen Bilder sein, die etwas Ent-Ängstigendes haben und Zuversicht nähren. Bilder von Heimat und Nachhausekommen. Bilder vom Meer, in das wir münden, oder vom Hafen, in dem wir Schutz finden. Christliche Mystiker liebten das Bild der „göttlichen Hochzeit", in der Gott selbst sich mit uns vermählt. Denn das tiefste Bild, das uns zu tragen vermag, ist das *Bild der Liebe*. Liebe kennt den Tod nicht. Kein Tod kann die Liebe töten. Wir kommen „aus Liebe" und wir gehen „in die Liebe" – vielleicht könnte dieses Bild unsere ganze Sehnsucht beflügeln und es mit unsrem Sterben aufnehmen.

Bilder wollen meditiert, verinnerlicht sein. Unser innerstes Leben muss zu einer *Imagination* werden. Imagination ist nicht „Einbildung", sondern innerliches Anschaulich-Werden, inneres Geformt-Werden, inneres Sich-Verwurzeln in etwas Lebendigem, in dem sich vielleicht das Ewige bereits ankündigt.

III Lebensgestaltung
Hilfe anregen, mitbestimmen, geschehen lassen

Fit, faltenfrei und schön bis Ende 90?
Wie Älterwerden mit Tiefgang möglich ist

Karin Vorländer

Ich erinnere mich noch gut daran, wie merkwürdig mich vor ein paar Jahren ein Plakat berührte, auf dem „Senioren ab 50" zur kostenlosen Wassergymnastik eingeladen wurden. Als Angehörige des Jahrgangs 1952 gehörte ich mit damals 55 Jahren zur Zielgruppe. Und auch der Pressebericht, in dem gemeldet wurde, dass immer mehr Senioren, sprich Menschen über 50, das Internet nutzen, ließ mich fragend im Spiegel Vergewisserung suchen: „Bin ich alt?"

Als kurz darauf die nette Arzthelferin mich anders als bislang bei Röngenuntersuchungen nicht mehr routinemäßig fragte: „Besteht eine Schwangerschaft?", sondern von mir wissen wollte, ob ich einen Herzschrittmacher trüge, wurde klar: Nein, ich bin nicht mehr jung. Ja, ich gehöre zur „älteren Generation". Eine Erkenntnis, die verdaut sein wollte. Es war eben ein Unterschied, ob ich mich bislang theoretisch und wortreich vom gängigen Ideal „fit, faltenfrei und schön bis Ende Neunzig" abgegrenzt hatte, oder ob mein Geburtsdatum und womöglich die eigenen Lach- und Kummerfalten als Spuren gelebten Lebens eine eigene Sprache sprechen.

Irgendwann also gehört man zu den Älteren – auch wenn womöglich zwischen gelebten Jahren und gefühltem Alter eine Differenz besteht. „Ich fühle mich doch gar nicht alt, wie ich dachte, dass man sich in meinem Alter fühlen müsste", sagte eine Freundin, als sie ihren 64.Geburtstag feierte. Damit liegt sie im Trend: Männer in dieser Altersgruppe fühlen sich durchschnittlich um sechs Jahre jünger als sie laut Geburtsurkunde sind. Frauen erleben sich subjektiv gar um sieben Jahre jünger.

Viele Mittfünfziger sind heute fitter und leistungsstärker als ihre Eltern und Großeltern es im entsprechenden Alter waren. Sie strafen das Alter in ihrem Reisepass optisch, geistig und emotional Lügen. Fachleute unterscheiden deshalb unterschiedliche Altersangaben: Das „chronological age" gibt das Alter gemäß Geburtsdatum an.
Das „real age" macht eine Aussage über das biologische Alter des Körpers.
Das „feel age" sagt, wie alt sich jemand selbst fühlt.
Das „look age" zeigt wie alt jemand aussieht.
Das „do age" beschreibt, wie ähnlich die eigenen Interessen denen der Altersgruppe sind.

Dennoch: Irgendwann zwischen Mitte oder Ende Fünfzig und Anfang Sechzig ist es endgültig so weit: Man gehört zu den Älteren und kann noch nicht einmal die so genannte Midlife-Krise mehr für sich in Anspruch nehmen. Denn spätestens in den Fünfzigern ist die Mitte des Lebens bei realistischer Einschätzung der Dinge einfach schon vorüber: Die wenigsten werden über 100 Jahre alt – selbst wenn man in Rechnung stellt, dass die Lebenserwartung immer weiter steigt. Im Alter steht uns oft noch ein langes Stück Leben bevor, das darauf wartet, gelebt und in seiner eigenen Schönheit und Herausforderung entdeckt zu werden.

Die Tücken des Älterwerdens

Doch das ist keineswegs einfach. Schon rein sprachlich hat das Thema „Älter werden" seine Tücken. Denn im Deutschen ist eine „ältere Frau" eindeutig jünger als eine „alte Dame". Übers wirkliche Alter spricht man hierzulande nicht gerne – auch wenn es ansonsten in unserer Gesellschaft nicht mehr viele Tabuthemen gibt.

Die Einstellung zum Älterwerden in unserer vom Jugendlichkeitswahn geprägten Erlebnisgesellschaft ist gespalten. Fast jede(r) will alt werden, aber keine(r) will alt sein. Hierzulande werden graue Haare gefärbt und nicht – wie in der Bibel vorgeschlagen – geehrt. „Graues

Karin Vorländer

Haar ist der Alten Schmuck" heißt es in Sprüche 20,29. Doch das gilt weithin genauso wenig wie „Vor einem grauen Haupt sollst du aufstehen" (*3. Mose* 19,32). Es ist durchaus gewöhnungsbedürftig, wenn ein jüngerer Mensch einem im Bus seinen Sitzplatz anbietet.

„Von nun an geht's bergab". Das scheint die Überschrift zu sein, unter der das Thema Älterwerden erlebt und dargestellt wird. Allen vermeintlichen Anti-Aging-Erfolgen und Fitness-Programmen zum Trotz erscheint das Älterwerden hauptsächlich unter der Perspektive des Verlustes. Dem Mehr an Lebensjahren entspricht in der Vorstellung vieler Zeitgenossen ein Weniger an Schönheit, Attraktivität und Gefragtsein. Mit 49 Jahren fällt man hierzulande aus der Zielgruppe der meisten Privatsender – denn ältere Menschen gelten als „werbungsresistent", sprich, weniger offen für neue Produkte. Wobei sich allerdings hier ein Wandel abzeichnet: Die „Woopies" geraten ins Blickfeld , denn als „well off old people" sind die gutsituierten Älteren zunehmend Zielgruppe für die Werbung. Arbeitsuchende gelten aber weiterhin ab 45 als schwer vermittelbar. Ab fünfundfünfzig werden sie zu beinahe aussichtslosen Problemfällen. Eine Vielzahl von Betrieben in Deutschland beschäftigt keine Mitarbeiter über fünfzig. Egal, was die an Erfahrung, Gelassenheit, Überblick, Expertenwissen und Know how mitbringen.

Die Würde und die Bürde

Dennoch gilt es spätestens in den Sechzigern, neben den Problemen auch die Chancen, Herausforderungen und die Schönheit dieses Lebensabschnittes wahrzunehmen und zu entdecken.
Zunächst einmal geht es darum, das eigene Alter zu bejahen und die bevorstehende Lebensstrecke innerlich nicht zum Überbleibsel oder zum ärmlichen Rest zu degradieren. Das hat schon Hermann Hesse gewusst: „Altsein und Altwerden ist eine ebenso schöne und heilige Aufgabe wie Jungsein. Um als alter Mensch seinen Sinn zu erfüllen und seiner Aufgabe gerecht zu werden, muss man mit dem Alter und allem, was es mit sich bringt, einverstanden sein, man muss dazu ja

sagen. Ohne dieses Ja geht uns der Wert und Sinn unserer Tage verloren und wir betrügen das Leben".

Das so verstandene Alter ist eine eigene Lebensstufe mit eigener Würde und Bürde, mit eigener Schönheit und mit ganz eigenen Aufgaben. Alt werden heißt nicht einfach nur, dass die Ziffer, mit der ich mein Lebensalter angebe, vorne mit einer Sieben beginnt.

Alt werden heißt, dass sich Wandlungen abspielen, dass Neues hinzukommt und Altes abgelegt wird. Aber gerade das ist nicht selbstverständlich, denn Wandlungen können auch verweigert werden. Dann wird Neues nicht wahrgenommen, und das Alte wird vielleicht festgehalten, anstatt abgelegt. Die Frage ist: Woran entscheidet es sich, wie jemand sich auf dem Weg ins Alter verhält und woran er sich orientiert?

Ein positiver Blick auf unsere späten Jahre würde besagen: Das Mehr an Lebenserfahrung im Alter kann gelassener, entspannter, großmütiger und heiterer machen. Aber auch hier gilt: „Kommt drauf an!" – Ja, worauf kommt es an? Woran entscheidet es sich, ob jemand wirklich gelassener und heiterer wird? Denn wir kennen ja genügend Gegenbeispiele: vergrämte, verbissene, manchmal sogar rechthaberische und zänkische alte Menschen, ichbezogen nachtragend, erstarrt in Gewohnheiten, Haltungen und Überzeugungen, unwillig oder unfähig zu Wandlungen. Ergibt sich die eine oder andere Persönlichkeitsentwicklung im Alter aufgrund bestimmter Umstände im Verlauf des Lebens, für die nicht wir verantwortlich sind, oder ist das Schicksal schuld oder eben die anderen?

Der weltbekannte Wiener Arzt und Tiefenpsychologe Victor Frankl ließ es nicht zu, dass man Ausreden erfindet für das, was im Alter aus einem wird. Er war der festen Überzeugung, in jedem Menschen gebe es so etwas wie eine innere Instanz, wie eine tiefe innere Freiheit zur Entscheidung, uns auf alles, was das Leben uns schenkt oder zumutet, so oder ganz anders zu verhalten. Wer gelassen und heiter alt werden möchte, kann und muss das Fundament dazu schon in früheren Jahren legen: Die eigene Position nicht für die einzig richtige halten, lernen, über sich selbst zu lachen und regelrecht üben, mit Interesse, Achtsamkeit und Mitgefühl in der Welt zu sein. Gelassener, ent-

Karin Vorländer

spannter und heiterer werden – die erste Bedingung dafür ist, dass wir lernen, achtsamer mit uns selbst umzugehen, immer wachsamer und wohl auch selbstkritischer. Und sicher gehört Demut dazu und Humor.

Häufig wird das Alter jenseits der Siebzig als eigene Lebensphase aber gar nicht wahrgenommen. Gerade unter dem Vorzeichen der angeblichen Würdigung des Alters wird es trickreich ignoriert. Da wird mit einer Mischung aus Staunen und Stolz berichtet, was jemand mit über 70 noch vermag und kann: Ein Fallschirmsprung mit 83, ein Halb-Marathon mit 75, eine Weltreise mit 81, mit 70 eine Figur wie eine 50-Jährige, mit 103 noch auf der Bühne stehen, mit 86 noch den eigenen Garten bestellen, mit 90 noch unfallfrei fahren, mit 84 noch Zwillinge zeugen. Die Liste solcher Pressemeldungen ist lang, bunt und wird gern gelesen. Was sagt sie uns? „Seht ihr, da ist jemand schon jenseits der Siebzig und lebt und arbeitet trotzdem noch wie ein junger Mensch. Alter bedeutet nicht Abstieg, nicht Einschränkung, nicht weniger an Leistungsvermögen. Es ist möglich, trotz des Alters einfach fortzusetzen, was früher war." Das ist die Botschaft, die sich ungewollt oder gewollt vermittelt.

Wo das Alter nur unter dem Aspekt betrachtet wird, dass sich eigentlich nichts Wesentliches ändert und dass es eigentlich und in erster Linie darum geht, die Leistungsfähigkeit und die Gesundheit möglichst lange und möglichst unversehrt aufrechtzuerhalten, wird die Gabe und Aufgabe des Älterwerdens schlicht geleugnet. Eine Flut von Gesundheitsratgebern, Fitnessrezepten und Ernährungshinweisen ergießt sich folgerichtig über „die Alten", die längst als kaufkräftige Kunden ins Visier geraten sind. Jogging für Gehirn und Körper, Wellness- und Fitnessangebote, Kochrezepte für die Anti-Aging-Ernährung, Hormone und Haarfärbemittel, Potenzmittel und Aktivkapseln verheißen ewige Jugend. Wer alle Ratschläge konsequent befolgt und die entsprechenden Produkte kauft, kann am Ende den Alterungsprozess aufhalten – so die trügerischen Versprechen. Dass unser Leben endlich ist, wird aber schlicht verschwiegen oder allenfalls auf der Ebene der Diskussion um einen „selbstbestimmten Tod in Würde" verhandelt.

Vor der Gefahr, an der Oberfläche zu bleiben, Zeit-Trends auch jetzt noch blind zu folgen oder sich in belanglosen Themen zu verlieren, können wir uns nur schützen, wenn wir uns fragen: Wie kann unser Leben an Tiefe gewinnen? Wenn es eben nicht mehr immer weiter bergauf geht, dann geht es offenbar umso mehr um einen Kontrapunkt, also um Tiefgang. Tiefgang ist ein spirituelles Thema. Es ist vielleicht die größte Einladung des letzten Lebensabschnitts. Eine Lebenshaltung, die Tiefgang gewonnen hat, hat untrügliche Kennzeichen.

Ich übe mich in Dankbarkeit

Dazu gehört, dass ich würdige, was ich anderen verdanke. Welche Menschen an meinem Lebensweg haben dazu beigetragen, dass ich lebendig geblieben bin, dass ich Mut und Selbstvertrauen hatte, dass ich nicht nur an mich selbst gedacht habe?
Klagende, weinerliche, sich selbst bemitleidende und nörgelnde Alte werden von ihren Mitmenschen meistens gemieden. Aber Menschen, die „Geschichten zum Danken" erzählen, beglücken sich und andere. Man kann sich selbst dabei ein wenig überlisten, indem man sich folgende Fragen stellt und einmal sorgfältig beantwortet: Was waren die schönsten Zeiten, Erfahrungen und Erlebnisse meines Lebens (oder des vergangenen Jahres)? Was hab ich heute an Schönem, Heiteren, Erstaunlichen, Fürsorglichem, Überraschendem erlebt? Wo sind mir Menschen freundlich entgegen gekommen? Was ist mir geglückt? So, wie wir in der Erziehung von Kindern immer von ihren Stärken und Talenten ausgehen sollten, können wir auch mit uns selbst umgehen: Auf das Positive blicken! Unsere Gedanken prägen auch unsere Wahrnehmung. Es macht einen Unterschied, ob ich mich in Dankbarkeit übe oder ob ich mich auf den Mangel oder Begrenzungen konzentriere.

Ich bemühe mich um Aussöhnung

Was habe ich in meinem Leben bewältigt und geschafft, auf das ich stolz bin oder das ich vorher nicht für möglich gehalten hätte? Dazu

Karin Vorländer

gehören nicht nur meine Erfolge, die vermeintlichen Guttaten und Siege. Auch Niederlagen, Scheitern, Neuanfänge gehören zur eignen Lebensleistung und können mich dankbar oder erstaunt auf das eigene bisherige Leben blicken lassen: „Das alles habe ich bis hierhin erlebt, habe es überstanden und überlebt."

Zur spirituellen Aufgabe des Alters gehört unbedingt, sich innerlich auszusöhnen mit dem, was unvollendet und Stückwerk geblieben ist, was missglückt und misslungen ist, was ich anderen schuldig geblieben bin oder was andere mir schuldig geblieben sind. Aufzuhören, den anderen ihre Fehler, Versäumnisse und Versagen nachzutragen, kann das eigene Leben genauso entlasten, wie die eigenen Fehler, Versäumnisse und Irrwege nicht länger zu vertuschen, kleinzureden, zu verleugnen oder die Schuld bei anderen zu suchen Es geht darum, das Gute und Schöne und das Schlimme und Schwere so barmherzig und so wahrhaftig wie möglich anzuschauen und ins eigene Leben zu integrieren. Sich selbst und anderen vergeben – auch das gehört zum Abschied von der Leistung und zu den spirituellen Aufgaben im Alter. Es gilt, darauf zu verzichten, die eigene oder kollektive Vergangenheit schön zu färben, zu verherrlichen oder zu idealisieren. Die „gute alte Zeit" ist immer und überall ein Märchen. Gewiss, es gab Gutes und Kostbares, aber es gab genau so Verirrungen, Mühsal, Dummheit und Verstrickungen aller Art.

Und sehr häufig lernen unsere Kinder oder Enkel mehr aus unseren Niederlagen oder unserem Versagen als aus unseren vermeintlichen Erfolgen oder einem untadeligen, irrtumslosen Leben.

Ich bleibe den Menschen und der Welt treu

Ein weiteres Kennzeichen für eine spirituelle Haltung, die Tiefgang verleiht, ist, wenn ältere Menschen ein lebendiges und vorurteilsfreies Interesse an den nachrückenden Generationen haben, besonders an Kindern und Jugendlichen. Was sind ihre Herausforderungen? Was können sie vielleicht besser als wir es zu unserer Zeit konnten? Welches Vertrauen und welche Unterstützung brauchen sie von uns? Kinder und Enkel brauchen unser echtes Interesse und eine wohlwollende Anteilnahme, die nicht schnell mit Vergleichen oder Urteilen einhergeht, sondern sich um Verstehen, Verständnis und Respekt bemüht. Die nächsten Generationen stehen weltweit vor riesigen Herausforderungen und vor globalen Problemen und unübersehbaren Krisen. Es geht nicht an, dass die Älteren sich sozusagen aufs „Altenteil" und in den „wohlverdienten Ruhestand" zurückziehen. Wo ist der Ort, an dem ich mich auch im Alter dafür einsetzte, dass die Erde bewohnbar bleibt und wir nicht das Saatgut für die Zukunft einfach heute schon konsumieren?

Ich höre mehr als ich rede

Vielleicht ist ein weiteres Merkmal für so etwas wie „Tiefenspiritualität": Eher zu schweigen statt zu schwatzen, eher zuzuhören statt ungefragt die eigenen Heldengeschichten zu erzählen, die meist doch nicht ganz so heldenhaft waren. Zum Schweigen gehört auch, Erfahrungen eigenen Leids oder die unvermeidlich zunehmenden Krankheiten nicht zum Lieblingsthema zu machen.

Auch im Gebet kann das Schweigen Raum gewinnen. „Als mein Gebet immer andächtiger und innerlicher wurde, da hatte ich immer weniger zu sagen. Zuletzt wurde ich ganz still. Ich wurde, was womöglich ein größerer Gegensatz zum Reden ist, ich wurde ein Hörer. Ich meinte erst, Beten sei Reden. Beten heißt nicht, sich selbst reden hören, beten heißt, still werden und still sein und warten, bis der Betende Gott hört", kann Søren Kierkegaard sagen.

Wer schweigt, ist nicht etwa stumm, sondern hellhörig und aufmerksam, er wird seinen Mund bestimmt zu öffnen wissen, wenn ihm bewusst wird, was die nachrückenden Generationen mit Recht von ihm erwarten darf an Weitergabe von echter Erfahrung.

Ich verabschiede mich vom Gesetz der Leistung

Natürlich ist es bemerkenswert, was Menschen bis ins hohe Alter erleben, schaffen und gestalten können. Wo Schaffenskraft und Gesundheit bis an den Lebensabend erhalten bleiben, ist das ein guter Grund zur Dankbarkeit – aber es darf auf keinen Fall die einzige Weise sein, das Alter wahrzunehmen und anzunehmen. Nun ist grundsätzlich nichts dagegen zu sagen, dass wir etwas dafür tun, das statistisch immer längere Leben mit möglichst wenigen Einschränkungen erleben zu können. Es ist selbstverständlich und auch nötig, aktiv dazu beizutragen, gesundheitliche und mentale Einschränkungen, soweit es an uns ist, in Grenzen zu halten. Ebenso ist es gut und wichtig, durch Gespräche, Lektüre und Medien wach und bewusst wahrzunehmen, was in Gesellschaft, Kultur, Politik und Kirche und Technik vor sich geht.

Wie wunderbar, wenn ein 80-jähriger ehemaliger Lehrer regelmäßig in einer Schule mit Ganztagsbetreuung Leseförderung für Migrantenkinder anbietet und dabei zum „Adoptivopa" wird. Wie beachtlich, wenn ein Großelternpaar jenseits der 70 im Volkshochschulkurs Französisch lernt, um sich mit den Enkelkindern in Frankreich verständigen zu können. Und wie vorbildlich, wenn ein 74-Jähriger nach der Atomkatastrophe von Fukushima für den Ausstieg aus der Atomkraft auf die Straße geht, sein Haus dämmt, Photovoltaikanlagen installiert und überzeugt ist: „Jeder kann in jedem Alter etwas dazu beitragen, dass auch die nächsten Generationen noch eine lebenswerte Erde antreffen."

Wenn aber der Maßstab für gelingendes und lebenswertes Alter hauptsächlich durch die Feststellung: „Ich kann fortsetzten, was ich bisher getan habe, es ist genauso wie früher" gesetzt wird, dann wird schlicht ignoriert, dass Altwerden und Altsein eigene Lebensabschnitte mit neuen Aufgaben sind. Den Lebensabend kann man nicht genauso leben wie den Morgen oder den Zenit des Lebens. Der Herbst unterscheidet sich vom Frühling.

Eine Grundaussage des Evangeliums kann eine wichtige Hilfe für uns sein. Denn die christliche Botschaft ist ein Kontrapunkt zu unserer Leistungsgesellschaft mit ihrem Motto: „Ich bin wert, was ich leiste." Die christliche Botschaft aber sagt: Wir sind geliebte Menschen Gottes – jenseits unserer Leistung. Das ist die Grundhaltung und Grundwahrheit des Evangeliums. Wie befreiend könnte es sein, danach schon in jungen Jahren zu leben! Spätestens im Alter ist es an der Zeit, den Zwang zur Leistung abzulegen und einen Lebensstil der gelassenen Hingabe an Gott einzuüben. Gerade im Schwächerwerden der eigenen Möglichkeiten, im Nachlassen von Kräften und Initiativen liegt die Herausforderung einer vertrauensvollen Hinwendung zu Gott. „Nichts soll dich ängstigen, nichts dich erschrecken. Alles geht vorüber. Gott allein bleibt derselbe. Alles erreicht der Geduldige, und wer Gott hat, der hat alles. Gott allein genügt", konnte die spanische Mystikerin Theresia von Avila sagen. Vielleicht markiert dieses Gebet der Hingabe, in dem alles eigene Schaffen und Leisten aus der Hand gelegt wird, eine wesentliche spirituelle Aufgabe der letzten Lebensphase.

Dazu könnte auch gehören, eine sehr verbreitete Haltung abzulegen, die auf den ersten Blick geradezu „edel" anmutet: „Ich will niemandem zur Last fallen", sagen viele alte Menschen mit Blick auf die letzte Wegstrecke ihres Leben, in der sie vielleicht Hilfe oder gar Pflege brauchen. Davor fürchten wir uns. Dabei wissen wir, wie sehr Lebensanfang und Lebensende einander ähneln können: Unser Leben beginnt mit dem ersten Schrei – und endet womöglich mit Seufzern des Schmerzes. Fürsorge und Angewiesensein stehen am Anfang des Lebens – bedürftig sein, das könnte auch die späten Jahre prägen. Abschied vom Gesetz der Leistung hieße, dazu ein inneres Ja zu finden: Ja, ich darf mich anderen zumuten, auch in meiner Hilfs- und Pflegebedürftigkeit.

Aber es geht auch darum in den hoffentlich möglichst langen Zeiten, in denen ich als älterer oder alter Mensch mich selbst versorgen und meinen Alltag regeln und gestalten kann, Abschied vom Leistenmüssen zu nehmen. Allerdings keinesfalls so, dass dieser Abschied in Erschlaffung, Schlendrian oder Bequemlichkeit münden. In gewisser Weise muss die Leine gespannt bleiben und das Segel gehisst. Denn zu oft begegnen wir ja älteren oder alten Menschen, die Leistung, Engagement und Interesse für andere, für Entwicklungen in Kultur, Wirtschaft, Politik und Kirche gegen endloses Sitzen vor dem Fernseher, gegen ein seltsam konturloses Vor-sich-hinleben und gegen Interesselosigkeit, fades Dahinplätschern, Sich-gehen-lassen oder gedankenloses Konsumieren eingetauscht haben.

Karin Vorländer

Ich sehe, höre, schmecke, erlebe bewusster

Worauf kommt es also an, wenn man dem Diktat der Leistung und des Nützlichkeitsbeweises etwas entgegenstellen möchte, das so nur in den Ruhestandsjahren möglich ist?
Zunächst ist es die bewusste Vertiefung unserer Erlebnisfähigkeit. Und das hat mit den ganz kleinen und unscheinbaren Dingen des Alltags zu tun. Wegweiser und wichtigste Hilfsmittel sind unsere Sinnesorgane, es ist das bewusste Fühlen und Schmecken, das wache Schauen, das aufmerksame Hören, das behutsame Berühren. – Jeder Tag ist eine Symphonie, die unsere Sinne erreichen möchte. Konnten wir es uns in den Zeiten beruflicher Hochkonjunktur leisten, je so aufmerksam und zugewandt dem Gesang der Vögel im Frühjahr zu lauschen? Hatten wir je so viel Zeit, dass wir das Frühstück tatsächlichen schmecken und ein wenig „zelebrieren" konnten? Das Alter kann zur „sinnlichen Lebenszeit" werden und einen früher kaum geahnten Sinn offenbaren, wenn wir uns unseren Sinnen überlassen, uns ihrer Führung bewusst überlassen und unser Herz weit machen für alles, worauf sie uns hinweisen wollen. Und das gilt auch dann, wenn das Gehör oder die Sehfähigkeit nachlässt. Vielleicht am Ende so, dass es zu einer bewussten Kompensation kommt: Wenn ich schon nicht mehr gut sehen kann, dann will ich umso bewusster schmecken. Und wenn ich nicht mehr so gut hören kann, dann will ich umso bewusster meine kleinen Spaziergänge machen und Bäume, Blumen, Wind und Wolken als meine Gefährten wahrnehmen.

Ich erwäge, sinne nach, verinnerliche

Es gibt noch ein anderes Kunsthandwerk, das erst gedeiht, wenn das Leistenwollen und Leistenmüssen bewusst verabschiedet wird. – Soeben sprachen wir von unseren Sinnen, also unseren Sinnesorganen. Es gibt aber in der deutschen Sprache auch das „Sinnen", nämlich das Nachsinnen, das innere Betrachten, Meditieren und Erwägen.
In meiner Kindheit auf dem Dorf war es kein seltener Anblick, alte Menschen einfach vor dem Haus auf einem Stuhl oder einer Bank sit-

zen zu sehen – die Hände im Schoß, fern jeder Tätigkeit, und das vielleicht einen ganzen Nachmittag lang. Natürlich schauten sie die Straße hinauf und hinunter, aber als Kind schon hatte ich oft den Eindruck: hier denkt jemand nach, hier bewohnt ein älterer Mensch sein „inneres Haus", das voller Geschichten steckt. Er holt sie vielleicht wieder und wieder hervor wie aus den Tiefen einer großen Truhe. Solches Vor-sich-hin-Sinnen hat mit dem Einbringen der Lebensernte zu tun; vielleicht auch mit dem Deuten und Verstehen im Nachhinein. Denn wie vieles verstehen wir erst, wenn überhaupt, in einem größeren oder großen zeitlichen Abstand! Wer aber auf seinem Leistungspfad bleibt, wird die Aufgabe und das Geschenk des Betrachtens, des Sinnens und des Erwägens gar nicht erst kennen lernen. Am Ende hat er vielleicht manches geleistet, aber wenig verstanden, manches erlebt, aber wenig eingeordnet und die Lehre daraus gezogen.

Ich lege Rechenschaft ab

Abschied vom Gesetz der Leistung zugunsten innerer Wahrnehmungsfähigkeit, Erlebniskraft und Lebensvertiefung, damit verbindet sich auch eine Aufgabe, die wir uns, vor allem aber unseren Mitmenschen und wiederum vor allem unseren Kindern und Enkeln schuldig sind: nämlich wahrhaftig und barmherzig Rechenschaft zu geben! Manchmal bin ich traurig und regelrecht fassungslos, wenn ich miterlebe, dass ältere Menschen, die doch so viel erlebt haben, offenbar so wenig daraus gelernt haben!
Männer waren im Krieg, aber sie sind zahnlose Tiger, wenn es heute um nötigen Widerstand geht gegen Militäreinsätze und Rüstungsexporte. Vielleicht hat man dürftige Zeiten erlebt, bevor das Wirtschaftswunder kam: müssten wir unseren Enkelkindern heute vielleicht jene Geschichten erzählen, die von Lebensqualität und einem „guten Leben" ohne Überfluss, Luxus und die systembedingte Gier nach stetigem Wirtschaftswachstum und Immer-mehr und Immer-besser herrühren? Denn eins steht fest: Der Lebensstandard unserer Tage steht im Zenit. Die Zeiten sind in den Industrieländern wohl vorbei, in denen Lebensqualität an wachsenden Wohlstand und Wirtschafts-

Karin Vorländer

wachstum gekoppelt sind. Unsere Kindeskinder werden wohl lernen müssen, wieder mit Wenigem auszukommen und dennoch glücklich zu sein. Was haben wir ihnen dafür weiterzugeben? Doch hoffentlich nicht nur: „Leisten, damit man sich was leisten kann!"
Rechenschaft geben, dafür muss man aus der Mühle herausgetreten sein! Sind wir nicht immer wieder erstaunt, wie ehrlich, authentisch, nachdenklich und hilfreich ehemals prominente Politiker, Bischöfe, Unternehmer und andere Führungsgestalten bisweilen reden, nachdem sie den Wald der Wichtigkeiten verlassen haben? Der Ruhestand kann helfen, in die Normalität zurückzukehren und im Blick auf Macht, Einfluss und Beliebtheit nicht mehr „suchtgefährdet" zu sein. Wer diesen Schritt vollzieht, hat etwas zu sagen und womöglich etwas beizutragen zur Bewältigung der Gegenwart. Solchen Menschen hört man zu und kann ihnen sogar glauben! Solche Menschen sind glaubwürdig und womöglich fragt man nach ihrer Meinung und ihrem Rat. Und wenn alte Menschen nicht mit dem oft zitierten „Unruhestand" kokettieren, dann haben und nehmen sie sich Zeit für solche Begegnungen und Gespräche.

Ich lasse Fragen zu und offen

Manchen Menschen, die Zeit ihres Lebens „fest im Glauben standen, wird ihr bisheriger Glaube im Alter frag-würdig und sie sind damit konfrontiert, dass sie „plötzlich mehr Fragen als Antworten haben". Befreit vom Zeitdruck der Berufstätigkeit, der oft kaum zur Besinnung kommen lässt, befreit vom Druck, dazugehören zu müssen und lieber konform mit dem zu sein, was Menschen in meiner sozialen Umgebung denken, sagen und glauben, kann es beim Älterwerden an der Zeit sein, Fragen zuzulassen, denen man bisher vielleicht ängstlich ausgewichen ist „Je älter ich werde, desto mehr Fragen habe ich", erzählte eine über 80-jährige Theologin. Anfangs habe sie solche Fragen abgewehrt. „Womöglich rinnt mir alles, was ich selbst geglaubt und anderen gepredigt habe, gegen Ende meines Lebens durch die Finger", befürchtete sie. Dann aber hat sie sich entschlossen, die Fragen zuzulassen und sich nicht von der Angst vor dem Verlust bisheriger „Gewissheiten" abhalten zu lassen. Sie will, ganz wie es einst Rilke einem allerdings jungen Mann riet, ihre Fragen lieb behalten und „Geduld haben gegen alles Ungelöste". Denn sie ist überzeugt: Auch der Glaube darf sich wandeln. Ich kann ihn nicht garantieren und muss nichts leisten, um ihn festzuhalten. „Sogar mein Glaube darf Gottes Sorge sein."

Karin Vorländer

Neuer Schwung für alte Ehen

Einander neu entdecken

Karin Vorländer

Kay und Arnold sind seit 30 Jahren verheiratet. Zum letzten Hochzeitstag haben sie sich einen Zugang zu einem Pay TV Kanal „geschenkt". Sie lassen sich unterhalten, statt sich zu unterhalten. Ein Eheberater soll der alten Ehe neuen Schwung verleihen – ein schwieriges Unterfangen. Der Kinofilm „Wie beim ersten Mal" mit Meryl Streep und Tommy Lee Jones bringt ein Thema auf die Leinwand, das vielen Paaren, deren Ehe in die Jahre gekommen ist, nicht fremd sein dürfte: Das Herzklopfen, die Schmetterlinge im Bauch, stürmische Liebesnächte und die Faszination und die Freude aneinander sind schleichend einer wohltemperierten, wenn nicht gar faden Alltagsroutine gewichen. Die Kinder sind aus dem Haus, die Berufslaufbahn etabliert, die Wohnung eingerichtet, und nun? „Wir lieben uns und wollen auch zusammen bleiben. Aber irgendwie ist die Luft raus, jeder macht seins und wir kommen eigentlich kaum noch als Paar zusammen", heißt es dann. Der Liedermacher Reinhard Mey singt in seinem Lied „Wir":

> *„Sie kommt mir kaum noch je entgegen*
> *Schaut kaum von ihrer Arbeit auf*
> *Und es gibt nichts zu sagen*
> *Und es gibt keine Fragen*
> *Und auch keine Antwort darauf."*

Christel Steinbacher, die zusammen mit ihrem Mann Christian Vorträge und Seminare für langjährige Ehepaare anbietet, erlebt: „In neun von zehn Fällen sind es die Frauen, die bemerken und bemängeln, dass Sand im Ehegetriebe steckt und der Schwung fehlt. Die Männer fallen häufig aus allen Wolken". Der erste Schritt zur Belebung und Vertiefung der Beziehung wäre deshalb der Mut, den empfundenen Mangel anzusprechen und womöglich im Gespräch mit anderen Paaren zu entdecken: Wir sind mit unserem Erleben gar nicht allein. Es geht anderen Paaren genauso. Und dann?

Die Freundschaft pflegen: Rituale statt Routine

Ein erster Schritt zur Überwindung von Alltagstrott und Sprachlosigkeit könnte sein, einen Zeitraum in der Woche zu verabreden, in dem man jenseits des Fernsehers gemeinsam und ohne Stress etwas Schönes tut. Wobei die Vorschläge dazu wechselweise von beiden stammen sollten. Der Phantasie sind keine Grenzen gesetzt: Vom Abendspaziergang, Vorlesen oder Spielen über eine leckere Mahlzeit am gemeinsam liebevoll gedeckten Tisch mit Kerzenlicht und Duftlampe bis zum Museumsbesuch könnte die Palette reichen. Womöglich macht dabei jeder von beiden seine eine Runde durch die Ausstellung und man befragt sich hinterher: Was hat dich beeindruckt? Was ist dir aufgefallen? Solches Fragen könnte ein „Warming up" für tiefere und wesentlichere Fragen sein: „Was bewegt dich in der Tiefe deines Herzens? Wer bist du, wer bin ich?"
Zur Belebung der Ehe gehört es, sich neu anzuschauen und die Freundschaft zueinander zu pflegen, das Positive am anderen zu betonen und sich die gemeinsame Geschichte zu vergegenwärtigen. Was haben wir als Paar Schönes und Schweres durchlebt und durchgestanden? Was war es (und ist es immer noch), das ich am anderen mag? Wo sind die Stärken des anderen? Sich zurückzuversetzen in die Zeit, als von Erstarrung oder Routine wenig zu spüren war, stärkt den Wunsch, die Zukunft gemeinsam zu erleben und zu genießen. Die Erinnerung an gute, glückliche Zeiten kann zur Inspirationsquelle für das Auffrischen der Ehe sein. Gepaart mit einer Prise Humor kann sie helfen, sich auch in die Veränderungen einzufinden, die womöglich im Zuge des Älterwerdens unwiederbringlich eintreten.

Karin Vorländer

Alltagserotik: Die kleinen Gesten der Liebe

Wenn ein Paar gemeinsam alt werden will, tut es gut daran, sich das auch gegenseitig zu sagen. Natürlich darf auch angesprochen werden, was man jeweils gar nicht mag. „Wenn Lob und Kritik im Verhältnis von vier zu eins stehen, ist das okay", findet Christel Steinbacher. In jedem Fall wird ein Gespräch, das getragen ist von dem Ziel, miteinander herauszufinden, was man sich gegenseitig Gutes tun kann, auch einer in die Jahre gekommenen Ehe gut tun.

„Du lässt dich geh'n", beklagt Charles Aznavour in einem seiner Chansons. Lockenwickler und Schlabberjeans, Trainingshose und Unterhemd als Alltagslook machen nicht gerade attraktiv und ansprechend. Bin ich es mir selbst, sind wir es einander wert, uns für einander schön zu machen? Modisches Gepflegtsein, ein schöner Duft, ein flotter Haarschnitt signalisieren Wertschätzung und Aufmerksamkeit für einander. Genau wie die Frage: „Kann ich dir etwas helfen?", oder „Kann ich etwas für dich tun?" oder ein Dankeschön für die scheinbaren selbstverständlichen Handgriffe, die in jedem Haushalt zu verrichten sind. Jeder Mensch verträgt eine Menge Lob und Dankeschöns – auch der Ehepartner! Lob und Anerkennung kosten nichts als ein wenig Aufmerksamkeit und ein offenes Auge. Zu solchen kleinen Gesten der Zärtlichkeit kann auch der Cappuccino am Bett gehören, den eine/r von beiden überraschend serviert. Oder ein kleines Geschenk. Der Satz „Ich hab dir was mitgebracht", spricht das Kind in uns an und erfreut auch in der Ehe noch. Die Lieblingsschokolade, vielleicht eine einzelne Rose oder ein Blumenstrauß ohne Grund, ein kleiner „Absacker", die Fußballzeitung oder die neueste Ausgabe einer Frauenzeitung. Und was hindert an einer zärtlichen Geste? „Wir halten uns beim Einschlafen an der Hand. Und wir streicheln uns im Gesicht. Wir umarmen uns oft. Das stärkt das Gefühl, beieinander geborgen zu sein", erzählt ein Ehepaar, das seit 40 Jahren verheiratet ist.

Intimität und Innigkeit

„Was die Medien uns im Blick auf die Häufigkeit des Miteinander-Schlafens präsentieren, ist schlicht gelogen", urteilt Christel Steinbacher aus ihrer Seminartätigkeit in Sachen Eheauffrischung. Schon Paare, die nur fünf Jahre verheiratet sind, schlafen in der Regel seltener als die von Martin Luther empfohlenen zwei Mal die Woche miteinander. Aus der Neurobiologie ist zudem bekannt, dass im akuten Stadium der Verliebtheit die Hormonproduktion Höchstleistungen vollbringt. Langjährige Paare dagegen, die zudem noch in Harmonie leben, erleben solche Hormonstürme nicht mehr. Der Wunsch, es möge wieder werden, „wie beim ersten Mal" erscheint deshalb zwar verständlich, ist aber wohl illusionär. „Die Zeit von 'Quickies' und des Am-liebsten-immer-und-überall ist bei den meisten Paaren nach jahrzehntelanger Ehe vorüber", sagt die Beraterin. Was aber nicht heißt, dass die Freuden im Bett (oder auch mal im Wohnzimmer?) ganz ausfallen müssten. Die intime Zärtlichkeit braucht womöglich aber den Vorsatz und deutlich mehr „Planung" als in jungen Jahren – und die Frage: „Was wünscht sich jede/r von beiden?" So lässt sich die Erfahrung machen, dass gerade im Vertrautsein, im Sich-Kennen und im Sich-Vertrauen eine neue Innigkeit wachsen kann.

Karin Vorländer

Nicht allein und nicht ins Heim?

Anregungen zum Wohnen im Alter

Karin Vorländer

Wie die kommende Generation alter Menschen ihre letzte, oft lange Lebensphase im Ruhestand gestaltet, dafür gibt es kein historisches Vorbild. Nie sind so viele Menschen so alt geworden, und nie war es so wenig selbstverständlich wie heute, dass ältere Menschen bei der Frage, wo, wie und mit wem sie als Senioren leben wollen, einfach auf ihre Familie zurückgreifen können. Denn die Lebens- und Wohnformen, die in der Vergangenheit üblich waren, lassen sich auf die neue Situation nicht ohne weiteres übertragen.

Für viele ältere Menschen scheidet die Lösung – im Alter zieh ich zu den Kindern, oder die Kinder ziehen zu mir ins Haus – gleich aus mehreren Gründen aus. Die Zahl der kinderlosen Senioren steigt, oder die Kinder wohnen längst irgendwo anders, oder sie haben keinen Platz in ihrer Wohnung und sind beruflich eingespannt. Dabei ist das Thema Wohnen für die Lebensqualität im Alter von großer Bedeutung. Denn mit steigendem Lebensalter werden die Grenzen des persönlichen Lebensraums enger. Die Wohnung und deren näheres Umfeld werden mehr und mehr zum Mittelpunkt des eigenen Lebens. Wie schön oder wie schwer sich das Alter und Altwerden gestaltet, das hängt in hohem Maß davon ab, in welchen Häusern und Wohnungen, in welcher Nachbarschaft und mit welchen selbstgewählten sozialen Kontakten alte Menschen leben. Richtig angekommen scheint dieser soziale Wandel noch nicht zu sein. Denn viele alte Menschen verdrängen die Frage, wie, wo und mit wem sie im Alter leben wollen.

Weiter wie bisher?

Vor allem in ländlichen Regionen leben viele Witwen allein in eigenen Häusern, die, ehemals für eine Familie gebaut, für den Bedarf im Alter aber längst viel zu groß sind. In städtischem Umfeld leben Senioren häufiger allein in Mietwohnungen in einem mehr oder weniger anonymen Umfeld. Sehr häufig ist die Frage, was im Falle von abnehmender Mobilität oder gar Hilfs- und Pflegebedürftigkeit geschehen soll, keineswegs geklärt.

Hanna Kisten (87) etwa lebt allein, seit ihr Mann vor 20 Jahren starb. Ihr einziger Sohn ist selbst krank. Ihre Wohnung im 3. Stock kann sie seit letztem Herbst nicht mehr verlassen. Lebensmittel bekommt sie über den Lieferservice eines Supermarktes, einmal in der Woche kommt jemand zum Putzen. Und wenn sie noch mehr Hilfe braucht? „Ich will hier in meiner Wohnung bleiben, in der ich schon geboren bin", wehrt sie jeden Gedanken an ein Altenheim ab. Altenheim, das ist für sie die allerletzte Notlösung. „Das lasse ich auf mich zukommen, Gott wird sorgen", pflegt sie ihre Vogel-Strauß Politik fromm zu verkleiden.

Reiner Gerster (68) ist kinderlos geschieden. Der Gedanke an das Alleinleben macht ihm Angst, seit er unvermutet mit einer lebensgefährlichen Thrombose behandelt werden musste. Außer einem Hausnotruf hat er nichts Grundsätzliches geändert. Margret und Friedhelm Henner (67) wollen ihr Haus verkaufen, in dem heute vier ehemalige Kinderzimmer leer stehen. Zu ihren Kindern und Enkeln ziehen, die alle in der Nähe leben, das wollen sie auch nicht. „Wir lieben uns, aber die jungen Familien brauchen Freiraum", sagen sie. Lange schon träumen sie vom Leben in einer alternativen Wohnform – aber übers Träumen und Überlegungen, ein kleineres Haus zu suchen, sind sie bislang nicht hinausgekommen.

Nicht nur träumen

93 Prozent der Menschen über 65 Jahren leben in ihren Privatwohnungen. 1,5 bis 2 Prozent haben sich für eine Altenwohnanlage ent-

Karin Vorländer

schieden, 1,6 Prozent leben im betreuten Wohnen, etwa 3 Prozent sind in einem Altenpflegeheim untergebracht, so die Zahlen des Kuratoriums Deutsche Altenhilfe. Brigitte Kämpfer (74) ist froh über ihre Entscheidung, in eine seniorengerechte Altenwohnanlage umzuziehen. Hier hat sie nette Nachbarn in ähnlicher Lebenssituation gefunden und kann bei Bedarf die angegliederten Serviceleistungen in Anspruch nehmen.

Wolfgang Nieländer (69) aus Balingen gehört zu dem gerade mal einen Prozent der Menschen über 65 Jahren in Deutschland, die sich für eine alternative Wohnform entschieden haben. Nach dem Motto: „Nicht allein und nicht ins Heim" suchte er für die Zeit nach dem Ende seiner beruflichen Arbeit als Entwicklungshelfer nach einer Möglichkeit, im Alter „nicht allein in einer Wohnung zu schmoren", sondern mit Menschen unterschiedlichen Alters gemeinsam zu wohnen und zu leben, sich gegenseitig anzuregen und sich bei Bedarf auch zu helfen. Gemeinsam mit drei Mitstreitern suchte, fand und kaufte er 2001 in Balingen ein Grundstück und gründete eine Bauherrengemeinschaft. Gebaut wurde barrierefrei und nach ökologischen Grundsätzen. Zur Finanzierung verkauften einige Bauherren ihre bisherigen Häuser. Die nötigen Kredite werden auch dadurch abgetragen, dass vier der acht unterschiedlich großen Wohnungen vermietet werden. Seit 2003 lebt Wolfgang Nieländer seinen Traum jetzt im alternativen Wohnprojekt „Klein Venedig" in Balingen. Jede Partei hat eine separate Wohnung, für Gäste gibt es ein Extra-Appartement. Damit Abstand und Nähe in Balance bleiben, leben die Bewohner von „Klein Venedig" mit offenen Wohnungstüren – aber man klopft an. Die Eingangshalle mit Klavier und großem Tisch ist Treffpunkt für Feiern, fürs Erzählen, für Kinovorstellungen und Ausgangspunkt für gemeinsame Unternehmungen. Sogar eine Nachhilfeinitiative findet hier statt. Der Altersdurchschnitt der Bewohner liegt bei knapp 50 Jahren. „Wir sind kein privates Altenheim – sogar ein Baby ist hier geboren", freut sich der Mitinitiator des Projekts, auf das es in der Nachbarschaft viel positive Resonanz gibt. „Die Kunst des Zusammenlebens hatten wir uns leichter vorgestellt. Ich bin nicht so geräuschrestistent, wenn die Jugendlichen mal loslegen", gibt Nieländer freimütig zu. Schwerer wiegt allerdings für ihn, dass die Wohngemeinschaft sich mit der Betreuung eines an Demenz erkrankten Mitglieds auf Dauer überfordert sah. Der Mitbewohner zog in ein Pflegeheim und kommt zu einem wöchentlichen Besuch nach „Klein Venedig".

Früh genug aktiv werden

Wer nach Alternativen für das Wohnen im Alter sucht, soll noch während der aktiven Berufstätigkeit und nicht erst im Ruhestand mit den Überlegungen beginnen, rät Wolfgang Nieländer etwaigen Interessenten dringend.

Auch Gespräche mit erwachsenen Kindern, in denen gegenseitige Erwartungen und Wünsche ausgesprochen werden, sollten geführt werden, ehe ein akuter Notfall eintritt. Wer erwartet was von wem? Was ist möglich – was bleibt womöglich ein Traum?

Auch wer sich entscheidet, so lange wie möglich in der eigenen Wohnung oder im eigenen Haus zu bleiben, sollte vorsorglich die Frage klären, welche Unterstützung im Notfall finanziert und in Anspruch genommen werden soll: Ist ein Hausnotruf angebracht? Welche hauswirtschaftliche Unterstützung lässt sich organisieren? Wie werden Mobilität und Pflege unterstützt?

Für den Fall, dass eine Pflege zu Hause nicht geleistet werden kann, sollten alte Menschen sich mögliche Pflegeheime oder Seniorenresidenzen ansehen und möglichst selbst auswählen. Auch für die Suche nach Initiativen und Gruppen, die Ideen und Kontakte, Konzepte und Fördermöglichkeiten für gemeinschaftliches, Generationen übergreifendes Wohnen und Leben vermitteln, gilt: Je eher, desto besser.

Karin Vorländer

Alles Gute für den Alltag
Charme und Schönheit des Alltäglichen

Karin Vorländer

Der Alltag kommt oft schlecht weg bei uns: Wir sprechen vom grauen Alltag, vom Alltagseinerlei, vom Alltagstrott. Zu Unrecht wie ich finde. Denn der größte Teil unseres Lebens besteht aus Alltag. Alle Tage aufstehen, arbeiten, essen, alle Tage am gleichen Ort, in der vertrauten Umgebung, mit denselben Menschen zu tun haben. Das muss nicht langweilig, öde und trist sein. Alltag kann gut tun. Und wir tun gut daran, uns den Segen des Alltags bewusst zu machen. Denn wir leben nicht von Höhenflügen und Höhepunkten! Das Sich-Verlieren im Unterhaltsamen, die Jagd nach Abwechslung und immer neuen Erlebnissen, kann rast- und ruhelos machen. Auf der Flucht vor dem Alltag ist man am Ende nirgendwo zu Hause – und kommt nicht bei sich selbst an. Ohne Alltag geraten wir schnell außer uns.

„Nichts ist schwerer zu ertragen als eine Reihe von Feiertagen", pflegte meine Großmutter zu sagen. Ein Highlight nach dem anderen, das lässt abstumpfen. Das ist wie jeden Tag Sahnetorte und Festtagsbraten. Das kriegt man über. Feier- und Festtage, Höhepunkte und Höhenflüge haben nicht nur ein Ende, sie *dürfen* auch ein Ende haben!

Dass wir uns auf das Vertraute, Normale, eben auf den Alltag freuen, das merken wir womöglich erst, wenn dieser Alltag plötzlich ausfällt. Wir machen diese Erfahrung womöglich von einem Krankenhausaufenthalt oder dann, wenn wir uns *unfreiwillig* für längere Zeit an einem Ort aufhalten müssen, der nicht unser Zuhause ist. Plötzlich erscheint uns der vertraute heimatliche und häusliche Alltag als lebens- und erstrebenswert und wir sehnen uns nach ihm und dem, was unser Leben alle Tage trägt und prägt. Wir wären mit so Wenigem zufrieden, wenn bloß „der Alltag uns wieder hätte"! Aber wenn der vorher ersehnte

Alltag dann wieder da ist, wird er, je länger er anhält, zunehmend in ein schlechtes Licht gestellt. Alltag eben. „Wie geht's?" – „Es muss."

Aber wäre es nicht geradezu *töricht*, wenn wir den Alltag zum schlechteren Teil unseres Lebens erklären? Denn meistens ist Alltag. Das Verhältnis ist 6 zu 1: Sieben Tage Alltag, ein Tag Sonntag. Und womöglich ein paar Tage Urlaub, abgetrotzt der nicht enden wollenden Arbeit Was kann helfen, den Charme und die Schönheit des Alltags zu entdecken und ihn so zu gestalten, dass auch der Alltag als schön erlebt wird?

Dankbarkeit in kleinen Dingen

Charme und Schönheit des Alltäglichen, das ist zu allererst die Lebenskunst der Dankbarkeit in kleinen Dingen. Ich beschränke mich auf ein einziges Beispiel aus meinem Alltagserleben: den Wocheneinkauf. Ich empfinde bei einem solchen Einkauf immer neues Staunen und eine Dankbarkeit. Es hat keine Generation vor uns gegeben, die aus einer solchen Fülle schöpfen konnte. Selbst bei knappem Budget sind die meisten Menschen hierzulande von solchem Segen nicht rundweg ausgeschlossen. Jeder sechste Weltbürger kann von solchen paradiesischen Verhältnissen nicht einmal träumen. Und es ist nicht mein Verdienst, dass ich hier und heute lebe. Das habe ich mir nicht aussuchen können, das ist mir zu-gefallen. Könnte dieser Zufall nicht dankbar und demütig zugleich machen und den Blick für die öffnen. denen es längst nicht so gut geht? Ich bin es gerade den Armen schuldig, „alltagszufrieden" zu sein. Die Armen auf der Welt möchten von uns nicht zu hören bekommen: „Wir sind zwar nicht arm; aber unser Leben ist langweilig und öde, weil es so alltäglich ist!"

Im Heute leben

Den Alltag schätzen lernen, könnte auch heißen: Ich entdecke, wie kostbar und zerbrechlich das Leben ist. Dieser Alltag ist der erste Tag

Karin Vorländer

vom Rest meines Lebens. Ein Tag, an dem ich leben darf. Dieser Tag ist es wert, dass ich ihn nicht gering schätze. Was ich heute tue oder lasse, wird unverlierbar zu meinem Lebensschatz: Dieser Tag ist es wert, dass ich ihn nicht nur hinter mich bringe, sondern dass ich ihn bewusst erlebe.

Das eigene Leben bewohnen

Der Alltag mit seiner Vorhersehbarkeit und Planbarkeit lässt mich in meinem eigenen Leben Platz nehmen und macht das Leben bewohnbar. Wer im Alltag angekommen ist, kann sich „erden" und den eigenen Ort finden. Und dabei geht es um mehr als den Ort, an dem ich arbeite und lebe. Es geht um das Bewohnen des eigenen Alltags und die Beheimatung im eigenen Dasein. Es gibt die eigentümliche Schönheit einer verlässlichen Form, einer guten Ordnung und eines eingeübten Rhythmus.
Dabei sind die beiden Fragen: *„Was bin ich mir wert?"* und *„Was ist mir der Alltag wert?"* ein Zwillingspaar. Bin ich es mir wert, mich mit Sorgfalt zu kleiden, mir und anderen den Tisch sorgsam zu decken, die Alltagskost zu schmecken, die Natur und die Menschen um mich wahrzunehmen?
Den Alltag würdigen, das könnte heißen: sich in der Kunst zu üben, dem eigenen Leben einen stillen *Glanz* zu verleihen und mit dem Alltag so liebevoll gestaltend und formend umzugehen wie das ein Kunsthandwerker bei seinem Werk tut.

Der Langeweile das Handwerk legen

Wenn man sich langweilt, sobald weder die Pflicht ruft noch das Unterhaltsame lockt, findet man *sich selbst* offenbar ausgesprochen langweilig. In solchen Fällen kann eine einfache, aber strenge Übung Wunder wirken. Ich lade dazu ein, immer dann, wenn man den Alltag „zum Weglaufen" erlebt, sich für eine halbe Stunde auf einen Stuhl zu setzen, in aufrechter, achtsamer Haltung – ohne Radio, ohne Fernseher – , auf den eigenen Atem zu achten und sich dem „puren Dasein" zuzuwenden. Nicht weglaufen, nicht rumzappeln – sondern diese Zeit als *Entdeckung einer Kostbarkeit* zu begreifen. „Ich bin da" – nichts fehlt! Ich kehre ein bei mir, beim Leben selbst. Ich setze mich einfach still hin und ... *komme bei mir an.* Ich werde mir selbst zur Heimat, zu einem geliebten und liebenswerten Platz im Universum. Es versetzt der Langeweile den Todesstoß, wenn sie mitbekommt: Für einen Mensch, der in der Lage ist, Einkehr zu halten dort, wo gar nichts los ist, hat soeben ein *Fest* begonnen.

Aber man muss es *üben*. Einen Stuhl hat ja jeder zu Hause!

Wenn aber der Alltag weh tut ...

Aber hat die Lebenskunst, im Alltag präsent zu sein und ihm eine festliche Dimension abzugewinnen, nicht dort ihre Grenze, wo sich Leid oder Krankheit oder ein schwieriges Schicksal einstellen, irgendetwas, das man sich nicht gewünscht hat, das belastend ist, schmerzvoll und mühselig?

Wenn sich das Widrige einstellt, muss man manchmal regelrecht ein wenig „feierlich" werden. Das haben wir als Kinder immer dann erlebt, wenn wir krank waren. Auf einmal kamen wir in den Genuss von ein paar schönen Dingen, die es sonst nicht gab. Wir bekamen Plätzchen und heißen Tee und kalte Wickel und Besuch und vielleicht wurde uns etwas vorgelesen.

Wenn schwere Tage kommen, muss man wieder lernen, feierlich mit dem Leben umzugehen, wo das Leben jetzt gerade dermaßen zerbrechlich und empfindlich ist! Dazu gehört, sich von allem Ballast, auch Terminballast zu befreien. Viele Menschen erfahren ihr Leben deshalb als unbewohnbar, weil sie sich chronisch überfordern!

Es gibt den krankmachenden Alltag, zu dem es freilich selten ohne unsere eigene Mitverantwortung kommt. Aber es gibt auch das ganz normale Krankwerden, wofür ein eigentümlicher Ausdruck in der deutschen Sprache uns rät, „krank zu feiern". Diese Weisheit lässt sich schlecht beziehen auf schwerste Krankheiten, Krisen oder wirkliche Horrorerfahrungen, das wäre zynisch. Aber für dasjenige Maß

Karin Vorländer

an Leiden, das in der einen oder anderen Weise eben auch zum Daseinsalltag gehört, lässt sich eine Spur finden, sich mit dem Unangenehmen zu arrangieren durch Nachgeben und Einwilligen, um gerade dann kleine Wohltaten herbeizurufen und mit ihrer Kraft dem Unvermeidlichen zu trotzen.

„Ent-wicklung" am Lebensende
Demenz als Schritt zur Transpersonalität

Ulla Reyle

Demenz ist in einer Gesellschaft, die von Individualität, Pluralität und der lebenslänglich erwarteten Fähigkeit, mit den richtigen Mitteln und Methoden das eigene Leben selbstbestimmt zu gestalten, *die* „Angsterkrankung" vieler Menschen. Die Vorstellung, im hohen Alter den „Verstand" zu verlieren, von anderen abhängig zu werden, das eigene Leben nicht mehr „im Griff" zu haben, erscheint für viele als der große Schrecken schlechthin.

Im Folgenden soll der Versuch unternommen werden, eine neue Sichtweise auf und damit ein anderes Verständnis für demenziell beeinträchtigte Menschen zu gewinnen. Dieses könnte dazu beitragen, Demenz auch als eine Episode von menschlicher Entwicklung im Sinn von Ganz- und Heilwerdung zu verstehen. Wenn das gelingt, könnten sich sowohl für Betroffene, wie für ihre Angehörigen und auch hauptamtlich Pflegende Perspektiven ergeben, die von Hoffnung und Sinnerfahrung getragen sind.

In der menschheitsgeschichtlich erst kurz bestehenden Gesellschaft des „langen Lebens" ist das Krankheitsbild der Demenz ein historisch junges Phänomen, über das wir, trotz intensiver Forschung, noch relativ wenig wissen.

Von demenziellen Erkrankungen sind vorwiegend hochaltrige Menschen jenseits des achtzigsten Lebensjahrs betroffen, Menschen also, deren Leben sich zum Ende hin neigt. Von seiner lateinischen Sprachwurzel her bedeutet de mens „weg vom Verstand". Hinter dem Begriff der Demenz stehen mehr als fünfzig verschiedene Erkrankungen. Deshalb sprechen wir vom dementiellen Syndrom, das meint ein Bündel von Einzelsymptomen in einer typischen Konstellation. Bei der Demenz handelt es sich, nach herkömmlichem Verständnis, um eine Erkrankung der kognitiven Funktionen. Wir unterscheiden dabei ganz grob drei Formen: Die eine ist die „*Demenz vom Alzheimer Typ*". Hierbei lagern sich Eiweißsubstanzen, so genannte Plaques, an Gehirnzellen an und bringen diese zum Absterben. Bei der „*Multiinfarkt-Demenz*" handelt es sich um kleine Schlaganfälle im Gehirn, die ebenfalls zur Beeinträchtigung von Gehirnfunktionen führen. Eine *Mischform* zwischen beiden Formen existiert ebenfalls. Von der Demenz ist die Depression in ihren unterschiedlichen Ausprägungen zu unterscheiden, Depression meint eine Erkrankung der Gefühle. Und schließlich gehört zu den Erkrankungen, die wir im höheren Lebensalter ebenfalls häufig beobachten können, also den so genannten geronto-psychiatrischen Erkrankungen, noch der wahnhafte Bereich, die paranoiden Erkrankungen. Diese zeichnen sich durch Beeinträchtigungen der Logik aus. Typisch für das dementielle Syndrom ist das Nachlassen der kognitiven Funktionen wie Denkvermögen, Urteilsfähigkeit, Sprache, Orientierung. Das, was einem Menschen in unserer kognitiv orientierten Gesellschaft zeitlebens seine Autonomie, seine Eigenständigkeit, gesichert hat, bricht weg. Zumindest am Anfang der Erkrankung wird das von den meisten Betroffenen bei vollem Bewusstsein erfahren und löst Angst, Scham und oft auch ohnmächtige Aggression gegen die eigene Person und andere Menschen aus.

Im weiteren Verlauf der Demenz brechen die Ich-Strukturen, die Voraussetzung für die lebensnotwendigen Verdrängungsmöglichkeiten sind, immer mehr zusammen. „Verdrängung" meint das unbewusste „Zurückstellen" oder das „Wegschieben" von Bewusstseinsinhalten, die für den einzelnen Menschen zu bedrohlich oder auch zu schmerzlich sind, als dass er sie im Bewusstsein erleben kann. Ein Beispiel dafür kann die Erfahrung sein, im Krieg andere Menschen getötet zu haben oder auch die Erfahrung von Flucht, Heimatverlust, Vergewaltigung. Diese durch die Verdrängungsmöglichkeit „gesicherten" Erfahrungen brechen in der Demenz häufig ungefiltert ins Bewusstsein durch und drohen, den ohnehin geschwächten Menschen zu überfluten. Wer die Panikattacken alter Frauen, die im Intimbereich Hilfe benötigen, erlebt hat, weiß um die Schrecken dieser Ereignisse. Wer die ununterbrochenen Schreie alter Menschen nach ihrer Mutter gehört hat, weiß um die Sehnsüchte, die in dieser Zeit

aufsteigen. Zusammen mit unbewältigten und unversöhnten Lebens-
erfahrungen tauchen häufig aber auch die „Schattenanteile" einer
Person auf, das heißt, das „Ungelebte", das, was unter der Oberfläche
gehalten wurde, wird unverhüllt sichtbar. Für Angehörige ist es oft
schmerzlich, bisher völlig unbekannte Persönlichkeitsanteile und
Verhaltensweisen ihrer Eltern wie das Flüchten, Spucken, sexuelle Bedürfnisse zeigen etc. zu erleben. Das von ihnen verinnerlichte Bild der
Eltern droht zusammenzubrechen und deshalb reagieren sie häufig
mit Abwehr und Scham für diese Seiten ihrer Angehörigen.

Ausgehend von einem christlich geprägten Menschenbild, das seinen
Blick vor allem auf Gaben und zeitlebens vorhandene Entwicklungs-
möglichkeiten richtet, erhebt sich die Frage nach der „Sinn-haftig-
keit" der Demenz. Ist sie wirklich nur eine schreckliche, angstmachende Erkrankung, die Menschen am Ende ihres Lebens auch noch
zugemutet wird? Oder könnte es sein, dass ein Mensch gerade im
Schutz der Demenz zu einem Entwicklungsschritt herausgefordert
wird, der darin besteht, ganz und heil zu werden, einen Zugang zu bekommen zu allen Persönlichkeitsanteilen, die zu seinem Menschsein
gehören? Und wäre es im Sinn einer psychosomatisch orientierten
Betrachtungsweise nicht denkbar, dass bei diesem Prozess Psyche
und Gehirn zusammenwirken im Sinn einer Gleichzeitigkeit, einer
gegenseitigen Unterstützung? Die linear-kausale Betrachtungsweise
von Ursache und Wirkung, die der klassischen naturwissenschaftlich
orientierten Medizin zugrunde liegt, gilt heute in vielen Fällen als
überholt. Wer aufmerksam die Lebenssituation von Menschen vor einer dementiellen Beeinträchtigung beobachtet, kann nicht immer,
aber sehr häufig, wahrnehmen, wie deren Leben von Sinnverlust und
Einsamkeit geprägt ist. Ist es da nicht „sinn-voll", sich in frühere Zeiten zurückzuziehen, in denen das Leben noch ganz anders war, und
dort aber auch den Erfahrungen zu begegnen, die noch „unversöhnt"
sind? Es gehört zu den wichtigen Merkmalen einer Demenz, dass das
kristalline Gedächtnis, also das Altgedächtnis, lange erhalten bleibt,
also genau das, was ein Mensch zu seiner „Versöhnungsarbeit" benötigt. Das Kurzzeitgedächtnis dagegen bildet sich viel schneller zurück
und geht schließlich fast ganz verloren.

Ulla Reyle

In unserer kognitiv geprägten Gesellschaft haben viele Menschen den Zugang zu ganz basalen Sehnsüchten und Bedürfnissen verloren. Wer zeitlebens stark und autonom ist, hat gewonnen. In der Demenz wird die andere Seite menschlichen Lebens sichtbar, die zart, verletzbar, hilfsbedürftig ist. In der Heiligen Schrift, Matthäus 18, 1-5, weist Jesus seine Jünger bei ihrem Disput darüber, wer wohl der Größte im Himmelreich sein wird, darauf hin: „Wenn ihr nicht umkehrt und werdet wie die Kinder, so werdet ihr nicht ins Himmelreich kommen". Wieder Kind werden – sicher bedeutet das nicht den Hinweis auf einen Rückschritt in ein früheres Lebensstadium und ganz sicher auch nicht den Wunsch, „kindisch" im Sinn von unreif und infantil zu werden. Vielleicht geht es viel mehr darum, abgespaltene, im Lauf des Lebens abgestorbene Persönlichkeitsanteile wieder zurück zu gewinnen, Persönlichkeitsanteile, die mit ursprünglicher Kreativität, Allverbundenheit, Dankbarkeit, Sich-anvertrauen-Können in Verbindung stehen.

Wenn wir die seelische, körperliche und kognitive Entwicklung von Kindern und alten Menschen miteinander vergleichen, so können wir zahlreiche Gemeinsamkeiten erkennen, oft im gegenläufigen Sinn. In der Geburts- und in Sterbestunde leuchtet die gesamte Persönlichkeit eines Menschen auf. Mütter, die mehrere Kinder geboren haben, werden dies, im Rückblick auf die Persönlichkeitsentwicklung ihres Kindes, bestätigen können!

Bedürftig und nackt werden wir geboren und so sterben wir auch wieder. Dazwischen liegt der Lebenszyklus, in dem wir uns als Kinder entwickeln, in dem wir unsere vielfältigen mitgebrachten und erworbenen Möglichkeiten entdecken und ausbauen. Im körperlichen Bereich gehört dazu das Laufen lernen, die Kontrolle über die Ausscheidungsorgane, der Zugewinn an Autonomie, die Fähigkeit, zwischen sich und der umgebenden Welt zu trennen, die Entdeckung des eigenen Willens und unserer ganz persönlichen Identität.

Von der ursprünglichen Einheitserfahrung verläuft die gesamte menschliche Entwicklung in Richtung Individualisierung, ganz besonders in der Postmoderne der westlichen Welt. Dadurch werden wir über lange Zeiträume unserer Biografie zu aktiven und verantwortlichen erwachsenen Menschen, zu Gestalterinnen und Gestaltern unseres Lebens und unserer Umgebung. Nach der Lebensmitte ändert sich aber das Ziel. Es liegt nicht mehr auf dem Berg, sondern im Tal, dort, wo der Aufstieg begann. Wer sich dieser Einsicht verschließt, kann nicht lebendig bleiben und reifen, sondern droht zu erstarren. Statt vor zu schauen auf das Ziel des irdischen Lebensendes, blicken viele zurück in die Vergangenheit. „Während wir alle einen jungen Mann von 30 Jahren, der in die Kindheit zurück blickt und infantil bleibt, bedauern, bewundert unsere Gesellschaft alte Menschen, die wie Jugendliche aussehen und sich so gebärden", C. G. Jung nennt beide pervers, stillos, psychologische Naturwidrigkeiten, und weiter sagt er: „Ein Junger, der nicht kämpft und siegt, hat das Beste seiner Jugend verpasst, und ein Alter, welcher auf das Geheimnis der Bäche, die von Gipfeln in Täler rauschen, nicht zu lauschen versteht, ist sinnlos, eine geistige Mumie, welche nichts ist als erstarrte Vergangenheit. Er steht abseits von seinem Leben, maschinengleich sich wiederholend, bis zur äußersten Abgedroschenheit. Was für eine Kultur, die solcher Schattengestalten bedarf."

Im höheren Alter also verläuft der menschliche Entwicklungs- und Entfaltungsprozess kontinuierlich weiter, aber sein Ziel hat sich geändert, vom personalen Bereich hin zum transpersonalen. Im körperlichen Bereich müssen sich Menschen, oft mit großem innerem Widerstand und mit zahlreichen Ängsten verbunden, mit einer Einschränkung der bisherigen Autonomie auseinander setzen, mit einem Leben mit chronischen, oft schmerzhaften Erkrankungen, Unsicherheiten beim Gehen, mit Stürzen, Verlust der Kontrolle über die Ausscheidungsorgane, mit Problemen bei der Nahrungsaufnahme, schließlich oft mit Bettlägerigkeit und dem Verlust der kognitiven Funktionen, mit zunehmender Erfahrung von Abhängigkeit. Auch wenn sich hier auf den ersten Blick ein Kreis vom Lebensbeginn zum Lebensende hin zu schließen scheint, ist doch zu berücksichtigen, dass dieser Prozess des „Herauswachsens" aus dem Erden-Leben sehr viel schmerzlicher erfahren wird als das „Hineinwachsen" ins Leben.

Vor diesem Hintergrund möchte ich nun der Frage nachgehen: Inwieweit kann Demenz (auch) als individueller Entwicklungsschritt vom

Ulla Reyle

personalen in den transpersonalen Bereich verstanden werden? Ich unternehme diesen Versuch in großem Respekt und mit tiefem Mitgefühl für das Leid, das eine dementielle Erkrankung für Betroffene und ihre Angehörigen bedeutet, aber auch mit der Hoffnung, dass wir als Gesellschaft dadurch neue Möglichkeiten eines tiefer liegenden Verständnisses für diese Erfahrung gewinnen und adäquate Möglichkeiten finden, betroffene Menschen auf diesem Weg zu begleiten.

Erst wenn am Abend nach der Intensität und verzaubernden Färbung durch das Abendlicht die Farben aus dem Tal weichen und der Gesang der Vögel nach und nach verstummt, beginne ich, auf einmal den Bach zu hören, der aber immer schon rauschte. So wird es auch an meinem Lebensabend sein, und ich werde den Lebensstrom hören! (Burkhard Zeunert)

Immer wieder sagen alte Menschen: Ich habe Heimweh nach einem Ort, den ich nicht kenne, wo ich aber hingehöre. Dort ist alles in Ordnung.

Ist diese Aussage die Sehnsucht nach der Rückkehr in die Ganzheit, in der wir alle vor unserer Geburt miteinander verbunden waren und nach unserem Leben auf dieser Erde wieder miteinander verbunden sein werden? Manche Menschen spüren diese Sehnsucht nach dem vertrauten Ort während ihres ganzen Lebens, für andere rückt sie über lange Lebensabschnitte weit weg oder droht gar ganz verloren zu gehen.

Wer sind wir zuinnerst? Auf diese Frage versucht die Mystik des Ostens und des Westens eine Antwort zu finden. Unser göttliches Innerstes zu entfalten, ist ihr Ziel.

Nach C. G. Jung kann der Mensch sein Selbst nur dann entfalten, wenn er das Göttliche in sich erfährt. „Nicht mehr ich lebe, sondern Christus lebt in mir", mit diesem Wort könnte Paulus die Erfahrung eines Menschen wiedergeben, der, vielleicht erst im höheren Alter, zu sich selbst gefunden hat. Diese Übergabe, dieses Sich-Gott-Anvertrauen setzt aber voraus, das eigene Ich, die eigene Person, immer mehr loszulassen, sich wandeln und verändern zu lassen. C. G. Jung spricht vom Opfer, indem der Mensch sich Gott überlässt, um sich selbst zu gewinnen. Dieses Eingehen in das Unbewusste, die Vertiefung in sich selbst, bedeutet für den Menschen Erneuerung und geistige Wiedergeburt. Der Schatz, von dem Christus spricht, liegt im Unbewussten verborgen. So wie Christus nach seinem Tod in die Hölle hinabsteigen musste, so muss auch der Mensch durch die Nacht des Unbewussten, durch die Höllenfahrt der Selbstbegegnung hindurch, um mit der Kraft des Unbewussten gestärkt in ein neues Leben hinüber zu gehen und an der Auferstehung von Christus teilzuhaben.

Der bedeutende Mystiker des christlichen Abendlandes, Johannes vom Kreuz (1542-1591), sagt: „Unser Erwachen ist ein Erwachen Gottes und unser Auferstehen ist ein Auferstehen Gottes". Er nennt also die mystische Erfahrung ganz klar und deutlich ein Erwachen Gottes in uns. Dieses Erwachen kann aber mit Worten letztlich nicht mitgeteilt werden, darum sagt er an einer anderen Stelle: „Das, was eine Seele erfährt von Gott in diesem Erwachen, ist vollständig jenseits aller Worte". Die Geschichte dieses Erwachens wird uns in allen religiösen Büchern erzählt. Es ist die „Liebesgeschichte" zwischen dem Göttlichen und dem Menschlichen, wobei die Initiative immer von Gott ausgeht. Wir meinen nur, wir seien die Suchenden, in Wirklichkeit sind wir die Gesuchten.

Befinden sich Menschen im Zustand einer Demenz also auf dem Weg zum Erwachen in eine neue, ganz andere Wirklichkeit, zu der wir Lebenden noch gar keinen Zugang haben? Macht es ihnen vielleicht große Angst, ihre Individualität zurück lassen zu müssen? Begegnen sie auf diesem Weg noch einmal den Schrecken und den Schönheiten ihres zu Ende gehenden Erdenlebens? Sind um sie herum auch vielleicht schon die Menschen, mit denen sie in diesem und im zukünftigen Leben verbunden waren oder sein werden? Und können wir den Engel sehen, der sie in aller Verwirrung unter seinen Flügeln birgt?

Unser Blickwinkel auf, unsere Wahrnehmung von betroffenen Menschen kann sich verändern. Wir können erkennen, dass wir einen Menschen vor uns haben, der um eine neue Identität ringt, der von dem, was seinem Leben bisher Sicherheit gegeben hat, Abschied nimmt und für den sich eine Welt öffnet, die uns Lebenden noch ver-

Ulla Reyle

schlossen ist. Das kann Angehörigen und Pflegenden neue Perspektiven und mehr Hoffnung vermitteln. Im Selbstverständnis von „Sterb-Ammen", die mit ihrer ganzen Liebe und Kompetenz dazu beitragen, dass etwas Neues geboren werden kann, könnte der Satz: „Demenz – keine Hilfe, keine Hoffnung" dann endgültig der Vergangenheit angehören. Und die Aussage von Psalm 90, Vers 12 a „Herr, lehre uns bedenken, dass wir sterben müssen, auf dass wir klug werden" könnte dann eine neue Aktualität bekommen: klug nicht im Sinn einer kognitiven Leistung, sondern einer Haltung, die von Weisheit und Einsicht in tiefere Dimensionen menschlichen Lebens geprägt ist.

In einer Gesellschaft des „langen Lebens" werden viele Menschen die letzten Lebensjahre in zunehmender Abhängigkeit von anderen verbringen. Von daher erscheint es nur sinnvoll, sich rechtzeitig von dem gesellschaftlich weit verbreiteten Irrtum zu verabschieden, dass man mit den richtigen Mitteln und Methoden das Leben in den Griff bekommen könnte. Vielmehr geht es um die Einübung einer Haltung der Allverbundenheit, der Hingabe und des Vertrauens.

DAS STERBEN

> *Vielleicht ist es kein Weggehen,*
> *sondern Zurückgehen?*
> *Sind wir nicht unterwegs*
> *Mit ungenauem Ziel*
> *Und unbekannter Ankunftsdauer*
> *Mit Heimweh im Gepäck?*
> *Wohin denn*
> *Sollten wir gehen*
> *Wenn nicht*
> *Nach Hause zurück? (Anne Steinwart)*

Vielleicht können diese Fragen uns sensibilisieren, uns aufmerksam machen auf und uns empfänglich machen für Menschen, die auf ihrem inneren Weg in der Demenz ihrem Ziel entgegengetragen werden.

„Dann bleibe ich noch ein bisschen"

Eine Frau, die Lebenskunst gelebt hat

Wolfgang Vorländer

Sie starb mit vierundachtzig, alt und lebenssatt, als Mutter von vier Kindern und seit mehr als fünfundzwanzig Jahren verwitwet. Ihr Leben war „fertig gelebt", und sie starb – als hätte sie es sich so ausgesucht – während der Tage, als jener Oktober sich gerade besonders vergoldet präsentierte.

Sie hatte gegenüber ihrer Tochter einige Wochen zuvor, als es ihr wegen mehrerer kleiner Schlaganfälle ausgesprochen schlecht ging, einen Testballon steigen lassen: „Soll ich noch bleiben?", so lautete der unvermittelte, leise, nicht weiter kommentierte Satz. Übersetzt heißt er an die Adresse ihrer Kinder: „Ich merke, dass ich jetzt bereit bin, zu sterben; könnt ihr mich loslassen?"

Nichts wird so leicht übersehen oder überhört wie die Abschiedssignale alter Menschen, besonders der eigenen Eltern. Weil wir das irgendwie verdrängen und weil wir so etwas noch nie geübt haben und uns unsicher fühlen. Wir sagen dann meistens: „Warte, das wird schon noch wieder!" Wie kann unsere Gesellschaft wieder lernen, die Botschaften derer zu entschlüsseln, die sich „zum Sterben fertig machen", wie man früher sagte – fertig im Sinne von „bereit".

Und so hatte auch die Tochter reagiert: „Mutti, jetzt geht es dir gerade schlecht, aber warte einmal, das kann sich alles noch wieder bessern!" „Gut", lautete überraschend die Antwort, „dann bleibe ich noch ein bisschen!"

Als sie kurz darauf jedoch über Nacht im Krankenhaus „festgehalten" wurde wegen bestimmter Untersuchungen, die für sie keinen Sinn ergaben, machte sie sich stocksteif, verweigerte jede „Mitarbeit" und bewegte sich keinen Millimeter, bis Tochter und Ärzte kapitulierten und sie wieder nach Hause durfte. Da war es dann wohl entschieden, den Abschied einzuläuten. Das tat sie dann so. Der Oktobertag leuchtete in goldenem Licht. Heute wünschte sie sich von ihrer Betreuerin Gemüsesuppe. Die schmeckte ihr so gut, dass sie ihren jüngsten Sohn anrief, er solle nach Feierabend vorbei kommen und von dieser leckeren Suppe auch noch etwas genießen. Überhaupt wirkte sie an diesem Tag sehr lebendig, aufgeschlossen und zugewandt.

In der Nacht verstarb sie. Dafür benötigte sie keine drei Stunden. Zuerst übergab sie sich. Sie „machte sich leer" für den Übergang. Dann bekam sie Schweißausbrüche, wurde von ihrer Betreuerin gewaschen – und frisch gewaschen tat sie den letzten Atemzug ... Der Kreis war ausgeschritten und durfte sich schließen. Und dann kann es bisweilen geschehen, dass jemand ganz „leicht und einfach" stirbt, als würde er nur eben das Zimmer wechseln.

Das war das Ende, und es passte in großer Übereinstimmung zu dem ganzen bisher gelebten Leben und dem inneren Geheimnis ihrer Persönlichkeit.

Dabei hatte sie in jungen Jahren einen Knacks fürs Leben bekommen. Das waren die Bombennächte über ihrer Stadt, als sie sechzehn war. Eigentlich war sie keine ängstliche Natur, aber die Bomben und der Luftschutzkeller wurden zum lebenslangen Trauma. Von da hatte sie Schwierigkeiten mit dem Alleinsein und suchte für ihr Leben nach Halt. Es war, als fühle sie eine ständige innere Schutzbedürftigkeit. Als dann gleich zwei junge Männer um ihre Hand anhielten, wie es damals hieß, wählte sie den stärkeren und dominanteren.

Sie bezahlte dafür allerdings auch einen Preis. In der Ehe waren nun die Rollen geklärt: der Mann hatte das Sagen. Zum Beispiel durfte sie nicht mehr ihrer Berufstätigkeit nachgehen, obwohl sie, damals noch recht selten, die höhere Handelsschule abgeschlossen und in der Verwaltung eine Stelle gefunden hatte. Sie „schickte" sich in ihre Lage und sah in den vier Kindern ihre Lebensaufgabe, allerdings ohne zur Glucke zu werden.

Aber auch in dieser Zeit der Unterordnung unter ihren Mann und der ausschließlichen Konzentration auf die Familie zeigte sich eine Seite an ihr, die sich nicht anlehnte, die nicht nur Schutz und den festen Lebensrahmen brauchte, sondern die eine bestimmte innere Stärke, Selbständigkeit und Lebendigkeit verriet. Mit zweiundvierzig wurde sie noch einmal schwanger, damals noch ein erheblicher Risikofaktor. Was hinzukam: Bei ihr war Hautkrebs diagnostiziert worden! Und alle Ärzte rieten dringend zum Schwangerschaftsabbruch. Sie brachte aber das Kind zur Welt – siebzehn Jahre nach der Geburt der ältesten Tochter. Und der Hautkrebs verschwand irgendwann auf Nimmerwiedersehen.

Mit achtundfünfzig starb ihr Mann, und damit verlor sie zunächst den Halt, den sie immer zu benötigen schien, selbst wenn der mit Einengung und Unterordnung verbunden war. Die Zeit der Trauer war schlimm. Doch dann geschah etwas, das nicht gerade selten zu beobachten ist.

Manchmal leben Menschen nach dem Verlust ihres Partners oder ihrer Partnerin noch einmal auf – und zwar in einer Weise, wie es sonst wohl kaum möglich geworden wäre. Als kämen jetzt die „ungelebten" Seiten oder „ungelebten" Möglichkeiten zum Vorschein und erhielten ihre „Erlaubnis".

Sie hatte eine wunderschöne Stimme, die all die Jahre im vorgegebenen Lebensrahmen aber „unbenutzt" geblieben war. Nun trat sie in einen Chor ein, und mit dem Singen vergingen die düsteren Stimmungen und die Angst vor dem Alleinsein. In ihrem Leben blühte nun noch etwas auf, das dann bis in ihr Alter, buchstäblich bis zum letzten Tag, lebendig blieb. Und zwar auch dann noch, als die Grenzen enger wurden.

Denn mit etwa siebenundsiebzig schaffte sie es nicht mehr, sich selbst zu versorgen. Da machten ihr ihre vier Kinder ein großes Geschenk. Sie organisierten alles so, dass ihre Mutter in ihrem Haus mit dem kleinen Garten bleiben konnte. Im Laufe dieser sieben Jahre war aber mehr erforderlich als eine Haushaltskraft. Jemand musste vertretungsweise da sein, wenn diese in Urlaub war, später wurde außerdem der Pflegedienst nötig und eine Person, die sich beruflich auf nächtliche Betreuung spezialisiert hatte. Der große Wunsch war also erfüllt: kein Altenheim. Aber heißt das, dass die ständige Anwesenheit anderer im eigenen Privatbereich deswegen schon reibungslos verläuft?

Es war, als hätte sie sich gesagt: „Aus solchen unfreiwilligen Erfordernissen muss man etwas machen!" Und was sie daraus machte, waren – Freundschaften!

Alle Betreuerinnen und Pflegerinnen standen an ihrem Grab und weinten bitterliche Tränen, als hätten sie ihre Mutter verloren.

Dabei hatte sie von vielen Dingen bis zum Schluss klare Vorstellungen. Nicht nur, dass die Wohnung tadellos aussehen sollte, sondern vor allem sie selbst. Immer schon war es ihr wichtig gewesen, auf ein gepflegtes Äußeres zu achten, auch in jenen Jahren, als sie „nur Hausfrau und Mutter" war.

Sie führte also bis zum Schluss Regie – aber sie tat es so, dass viel gelacht wurde, dass sie dem Leben bis zum Schluss jede kleine Annehmlichkeit abtrotzte und dass sie sogar eine beginnende, leichte Demenz mit Humor nahm. Ihre wichtigste und langjährige Betreuerin war eine Frau, die aus Sibirien kam, dort Lehrerin gewesen war und jetzt mit ihrer Familie hier lebte. „Mutti" nannte sie die alte Dame, „Mutti, ich hab dich lieb!".

Etwas von solcher Lebenskunst brach ein Jahr vor ihrem Tod dann noch einmal wie ein Lichtstrahl aus einer Wolkendecke und wurde für alle Kinder zu einem unvergesslichen Erlebnis.

Der jüngste Sohn heiratete. Und zwar einen anderen Mann. Für sie als Mutter, in alten Werteordnungen verwurzelt, war es ein Schock gewesen, als er sich einige Zeit zuvor in dieser Weise erklärt hatte. Sie hatte daran zu knacken. Daran bestand kein Zweifel. Und nun auch noch: „Ich heirate!"

Nun stand die Hochzeit an – und die Frage war, wer in dieser für die Geschwister ebenfalls etwas prekären, jedenfalls ungewohnten Situation bei der Hochzeitstafel die Festrede halten könne. Und da sagte sie klar entschlossen und bestimmt: „Das mache ich!"

Mit ihren dreiundachtzig Jahren hielt sie für ihren schwulen Sohn und ihren schwulen Schwiegersohn die Festrede. Es schien ihr sonnenklar zu sein: Leben gedeiht nur im Klima einer grundsätzlichen Bejahung! Mein Jüngster, dessen Geburt ich trotz meiner zweiundvierzig Jahre und trotz Hautkrebs gegen den Rat der Ärzte gewollt und zur Welt gebracht haben, der soll jetzt kein Wenn und Aber, keine Vorbehalte und auch keine „Toleranz mit verkniffenen Lippen" erleben, sondern meinen Segen bekommen!

Und so war sie mit ihrer Hochzeitsrede nicht nur vielen in ihrer Generation voraus, sondern sogar ihren eigenen Kindern, deren „Schwägerin" männlichen Geschlechts war. Was hier alle erlebt haben, war mehr als ein großes und weites Herz, es war eine Lebensquelle, die sich dort auftut, wo Liebe und Weisheit sich verbinden.

Beim Abschied sagten die Kinder, ihre Mutter sei „tief gläubig" gewesen. Vielleicht aber ist das Geheimnis dieses äußerlich so unscheinbaren Lebens ein Ausdruck dessen, dass ein „tiefer Glaube" ein „tiefes Leben" braucht, dass ein Glaube nicht hilft, wenn er dem Leben nur aufgesetzt ist wie eine Mütze. Spiritualität findet sich nur dort, wo Glaube und Leben sich so untrennbar durchdringen wie die Zutaten eines Kuchens nach dem Backen. Und die Spiritualität im Alter bringt es an den Tag.

Wolfgang Vorländer

Quellen, Anmerkungen, Literatur

Wolfgang Vorländer, **Zweite Hälfte des Lebensbogens**

Richard Rohr, **Reifes Leben.** Eine spirituelle Reise, Herder Verlag, Freiburg-Basel-Wien 2012.

Verena Kast, **Abschied von der Opferrolle,** Herder Verlag, Freiburg 1998.

Max Ehrmann, **Desiderata von 1927,** der fälschlicherweise oft mit der Angabe gekennzeichnet ist: „Aus der alten Pauls-Kirche, Baltimore 1692".

Jörg Zink, **Die Stille der Zeit.** Gedanken zum Älterwerden, Gütersloh 2012.

Zitiert nach: *C. G. Jung*, **Von Leben und Tod.** Einsichten und Weisheiten, ausgewählt von Franz Alt, Olten 1992.

Klaus Grawe, **Neuropsychotherapie,** Göttingen 2004. In der Fachsprache lauten diese vier Grundbedürfnisse 1. Bindungsbedürfnis, 2. Kontroll- und Orientierungsbedürfnis, 3. Lust- und Glücksbedürfnis, 4. Bedürfnis nach Selbstwert(erhöhung).

Psalm 90, Vers 9.

Jesaja 40, Vers 31.

Dorothea Margenfeld, **Es taugt die Bitte**

Hilde Domin, **Die schwersten Wege, Bitte** und **Versprechen an eine Taube,** aus „Sämtliche Gedichte", © S. Fischer Verlag, Frankfurt a. M. 2009.

Ilka Scheidgen, **Hilde Domin,** Dichterin des Dennoch, Verlag Ernst Kaufmann, Lahr 2006.

Lobgesang Simeons, Lukas 2,29–32.

Dorothee Sölle, **Ich dein baum** und **Auf einer friedensversammlung**
aus: Loben und lügen, Gedichte, © Wolfgang Fiethau Verlag,
Kleinmachnow.

Dorothee Sölle, **Eine Frau aus dem volk der dehne**, aus: Verrückt nach
Licht, Gedichte © Wolfgang Fiethau Verlag, Kleinmachnow.

Abbildungen:
Hilde Domin, **Motiv Holztaube**, © Foto Christian Buck, Heidelberg
Walter Habdank, **„Simeon"**, Holzschnitt, 1963, © Galerie Habdank
   © VG Bild-Kunst, Bonn 2013
Walter Habdank, **„Mose, betend"**, Holzschnitt, 1987,
   © Galerie Habdank, © VG Bild-Kunst, Bonn 2013
Walter Habdank, **„Seher"**, Farbholzschnitt, 1969, © Galerie Habdank
Walter Habdank, **„Noah"**, Farbholzschnitt, 1979, © Galerie Habdank
   © VG Bild-Kunst, Bonn 2013

Ulrich Oechsle, **Ein Sinn kann gefunden werden**

Viktor Frankl, **Der Leidende Mensch.** Anthropologische Grundlagen
   der Psychotherapie, Bern, Göttingen, Toronto 1984.
Vgl. hierzu *Uwe Böschemeyer*, **Worauf es ankommt.** Werte als
   Wegweiser, Piper Verlag, München 2003.
Wolfram Kurz, **Suche nach Sinn.** Seelsorgerliche, logotherapeutische,
   pädagogische Perspektiven. Zur Bedeutung der Logotherapie in
   der Gerontagogik, Stephansbuchhandlung Wolfgang Mittelstädt,
   Würzburg 1991
Viktor Frankl, **...trotzdem Ja zum Leben sagen**, Kösel, München 2009.
Viktor Frankl, **Ärztliche Seelsorge.** Grundlagen der Logotherapie und
   Existenzanalyse, Verlag Franz Deuticke, Wien 1982 und
Viktor Frankl, **Die Sinnfrage in der Psychotherapie**, Piper,
   München 1981.
Gertraud Simmerding, in **Logotherapie und Existenzanalyse,**
   Sonderheft zum 90. Geburtstag von Viktor Emil Frankl, 1995.
Uwe Böschemeyer, **Neu beginnen!**, SKV-Edition 1996.

Romano Guardini, **Die Lebensalter.** Ihre ethische und pädagogische
Bedeutung, Matthias-Grünewald-Verlag, 2004.
Paul Tillich, **Die verlorene Dimension,** Not und Hoffnung unserer
Zeit, Hamburg 1962.
Viktor Frankl, **Der unbewusste Gott,** Kösel, München 1988.
C. G. Jung, **Bewußtes und Unbewußtes,** Fischer-Taschenbuch-Verlag,
Frankfurt a. M. 1972.
Erich Fromm, **Psychoanalyse und Religion,** Deutscher Taschenbuch-
Verlag, München 2004.
CD Einspielung, Stuttgarter Kammerchor, Frieder Bernius,
Carus 83.210.

Burkhard Pechmann, **Zeit zum Altwerden**

Byung Chul Han, **Duft der Zeit,** Bielefeld 2009.
Peter Handke, **Am Felsenfenster morgens,** Salzburg 1998, zitiert nach
Byung Chul Han, **Transparenzgesellschaft,** Berlin 2012.
Byung Chul Han, **Transparenzgesellschaft,** Berlin 2012.
Joseph Roth, **Die Legende vom heiligen Trinker,** Köln 1983.
Rudolf Bohren, **Daß Gott schön werde,** München 1975.
Detlev von Liliencron, **Ausgewählte Werke,** Hrsg. von Walter Hettche,
Neumünster 2009.
Gerhard Marcel Martin, **Buddha krass,** München 2010.
Burkhard Pechmann, **Rückzug und Aufbruch,** Leipzig 2009.

Bettina Hertel, „**Weisheit des Herzens gewinnen**"

Kurt Marti, **Die Psalmen.** Annäherungen, Radius-Verlag,
Stuttgart 2004.

Richard Haug, **Was kommt nach dem Tod?**

Heinrich Bedford-Strohm, **Was kommt nach dem Tod,** in Evangelische
Zentralstelle für Weltanschauungsfragen, Materialdienst 11/2010.
BertelsmannStiftung, **Religionsmonitor 2008,** Gütersloh 2007.
Michael von Brück, **Ewiges Leben und Wiedergeburt** – Sterben, Tod
und Jenseitshoffnung in europäischen und asiatischen Kulturen,
Freiburg i. Br. 2008.
Jürgen Moltmann, **Im Ende – der Anfang,** Gütersloh 2003.
Jürgen Moltmann, **„Sein Name ist Gerechtigkeit",** Neue Beiträge zur
christlichen Gotteslehre, Gütersloh 2008.
Raymond A. Moody, **Leben nach dem Tod** – Die Erforschung einer
unerklärlichen Erfahrung, Rowohlt-Taschenbuch-Verlag,
Reinbek 2003.
Christian Ruch, **Reinkarnationsglaube als Alternative?** in Evangelische
Zentralstelle für Weltanschauungsfragen, Materialdienst 6/2009.
Michael Utsch, **Nahtoderfahrungen,** Beitrag im Internet-Lexikon der
Evangelischen Zentralstelle für Weltanschuungsfragen.
Jörg Zink, **Auferstehung** – und am Ende ein Gehen ins Licht, Kreuz-
Verlag, Stuttgart 1999.

Wolfgang Vorländer, **Glaube, der sich wandelt**

Eberhard Busch, **Glaubensheiterkeit.** Karl Barth – Erfahrungen und
Begegnungen, Neukirchen 1986.

Karin Vorländer, **Beten heißt: sich Gott hinhalten**

Gerda und Rüdiger Maschwitz, **Kursbuch Beten.** Anregungen für alle
Lebenslagen, Kösel, München 2009.

Quellen, Anmerkungen, Literatur

Karin Vorländer, **Beten heißt: sich Gott hinhalten**

Chapman Gary, **Die fünf Sprachen der Liebe:** Wie Kommunikation in
der Ehe gelingt; Francke, Taschenbuch 2010.
Michael Lukas Moeller, **Die Wahrheit beginnt zu zweit.** Das Paar im
Gespräch, Rororo Taschenbuch 2010.

Karin Vorländer, **Nicht allein und nicht ins Heim?**

Henning Scherf, **Grau ist bunt.** Was im Alter möglich ist, Herder
spektrum Taschenbuch, Freiburg i. Br. 2008.
Mona Schöffler, **Wohnformen im Alter,** Kaufmann Verlag, Lahr 2006.

Ulla Reyle, **„Ent-wicklung" am Lebensende**

Joachim Galuska (Hrsg.) **Den Horizont erweitern.** Die transpersonale
Dimension in der Psychotherapie. Leutner Verlag Berlin 2003
Anselm Grün, **Lebensmitte als geistliche Aufgabe.** Vier-Türme-Verlag,
Münsterschwarzach 1996.
Willigis Jäger, **Aufbruch in ein neues Land,** Herder 2009.
Reinhard Körner, **Dunkle Nacht,** Mystische Glaubenserfahrungen nach
Johannes vom Kreuz, Vier-Türme-Verlag, Münster-
schwarzach 2006.
Anselm Grün, **Das kleine Buch vom guten Leben,** Herder 2005.
Burkart Zeunert, **Eine Einladung zur spirituellen Sicht auf Krankheit,**
Download vom 8. 5. 2008.

Die Autoren

Dekan i. R. Richard Haug war Pfarrer in Backnang und Alfdorf, Dekan in Schwäbisch Hall und gehörte sechs Jahre lang der württembergischen Landessynode an. Seit 2012 ist er Vorsitzender der Evangelischen Seniorinnen und Senioren in Württemberg (LAGES). Er wohnt in Reutlingen, ist verheiratet und hat drei erwachsene Kinder.

Bettina Hertel ist Theologin und Psychologin. Sie arbeitet bei der Evangelischen Erwachsenen- und Familienbildung in Württemberg (EAEW) als Geschäftsführerin und pädagogische Referentin für die Evangelischen Senioren in Württemberg (LAGES) und als Leiterin des Projekts „Alter neu gestalten".

Prälätin i. R. Dorothea Margenfeld war 15 Jahre Gemeindepfarrerin in Ludwigsburg, dann leitete sie fünf Jahre lang das Afrikareferat im Evangelischen Missionswerk in Südwestdeutschland (EMS). Früh engagierte sie sich in der Friedens- und Antiapartheidsbewegung. 1992 wurde sie die erste Prälätin, also Regionalbischöfin, in der Württembergischen Landeskirche.

Ulrich Oechsle ist Theologe, Logotherapeut und Existenzanalytiker, sowie Coach und Supervisor DGLE. Er leitet und koordiniert das Nürnberger Institut für Existenzanalyse und Logotherapie und die Nürnberger Akademie für sinn- und leistungszentrierte Unternehmensführung. Daneben lehrt er an Hochschulen und hält Vorträge bei Kongressen und in Seminaren.
www. logotherapie-nuernberg.de
www.sinnzentrierte-unternehmensfuehrung.de

Burkhard Pechmann ist seit 1986 Pfarrer in der Hannoverschen Landeskirche und als Gemeindepfarrer auf Pfarrstellen bei und in Hannover tätig. Seit 2003 arbeitet er in der Altenheimseelsorge in der Landeskirche. Zahlreiche Veröffentlichungen zu Altern, Resilienz, Demenz und Stebebegleitung.

Ulla Reyle ist Diplom-Sozialgerontologin, Supervisorin (WIT Universität Tübingen), und Geistliche Begleiterin. Sie leitet eine Praxis für angewandte Alternswissenschaft und Supervision. Sie ist seit kurzem verwitwet und hat drei erwachsene Kinder und eine Enkelin.
www.ulla-reyle.de

Karin Vorländer ist gelernte Lehrerin. Nach beruflicher Famlien-pause mit einem hohen Maß an ehrenamtlichem Engagement arbeitet sie seit mehr als 20 Jahren als freie Journalistin, Referentin, Moderatorin und Biographin. Sie ist verheiratet mit Wolfgang Vorländer. Sie haben vier erwachsene Söhne und leben in Nümbrecht bei Köln.

Wolfgang Vorländer ist Pfarrer, Wirtschaftsmediator und psycholo-gischer Berater für Führungskräfte. Er arbeitet als Bildungsreferent beim Evangelischen Erwachsenenbildungswerk Leverkusen und ist nebenamtlicher Dozent an der CVJM-Hochschule für Soziale Arbeit in Kassel. Er ist Autor zahlreicher Bücher und hält seit Jahrzehnten vielerorts Vorträge zu theologischen Themen und Lebensstilfragen. Er ist verheiratet mit Karin Vorländer. Sie haben vier erwachsene Söhne und leben in Nümbrecht bei Köln.

Wie wollen wir in Zukunft leben?

104 Seiten, fester Einband
ISBN 978-3-7918-8031-0

Wir leben immer länger. Doch wie muss unser Lebensstil aussehen, damit wir bis zuletzt ein „gutes Leben" leben?

Krisenfeste Beziehungsnetze in Ehe und Familie, in Partnerschaft und Nachbarschaft zu knüpfen, wird immer wichtiger. Wohnformen für ein Zusammenleben aller Generationen zu entwickeln, ist das Ziel.
Denn wir bestimmen, wie unser Leben endet:
einsam oder geborgen in Gemeinschaft.

Das zeigt Eckhard Rahlenbeck in seinem Buch.
Es ist voller Anregungen und gelungener Beispiele für eine neue Kultur des sozialen Miteinanders.

www.verlag-eva.de